잉글리시 가이드 백선생의
영어회화
리얼
표현 258

잉글리시 가이드 백선생의 **영어회화 리얼표현 2.5.8**

지은이 백선엽
펴낸이 정규도
펴낸곳 (주)다락원

초판 1쇄 발행 2016년 9월 19일
초판 2쇄 발행 2018년 11월 16일

책임편집 허윤영, 장의연
본문 디자인 조수영
표지 디자인 유혜영
전산편집 조수영

☎ 다락원 경기도 파주시 문발로 211
내용문의: (02)736-2031 내선 524
구입문의: (02)736-2031 내선 250~252 / 팩스 02-732-2037
출판등록 1977년 9월 16일 제406-2008-000007호

Copyright ⓒ 2016, 백선엽

저자 및 출판사의 허락 없이 이 책의 일부 또는 전부를 무단 복제·전재·발췌할 수 없습니다. 구입 후 철회는 회사 내규에 부합하는 경우에 가능하므로 구입 문의처에 문의하시기 바랍니다. 분실·파손 등에 따른 소비자 피해에 대해서는 공정거래위원회에서 고시한 소비자 분쟁 해결 기준에 따라 보상 가능합니다. 잘못된 책은 바꿔 드립니다.

값 15,000원

ISBN 978-89-277-0081-4 13740

http://www.darakwon.co.kr

- 다락원 홈페이지를 방문하시면 상세한 출판 정보와 함께 동영상강좌, MP3자료 등 다양한 어학 정보를 얻으실 수 있습니다.

잉글리시 가이드 백선생의
영어회화 리얼 표현 2.5.8

백선엽 지음

DARAKWON

: 저자가 독자에게 :

쓸데 없는 표현 말고,
바로 리얼표현으로.

"제가 영어를 남들보다 잘한다는 이유로" 영어책을 집필한 지가 올해로 20여 년 가까이 되었습니다. 그런데 20년 전이나 지금이나 주변을 보면 아직도 영어에 시간과 돈을 많이 들이는데 영어실력은 제자리걸음인 사람들이 참 많습니다. 이런 분들을 위해 정말 알짜배기만 모은 영어책을 써야겠다는 결심하게 하게 되어 2015년부터 원고를 썼고, 고생 끝에 완성한 책이 바로 이 《영어회화 리얼표현 2.5.8》입니다.

'리얼표현'이란 현지에서 들을 수 있는, 영어 원어민이 늘 쓰는 표현을 말합니다. 시간이 지나도 변하지 않는 표현, 영어에서 가장 기본으로 알아야 할 표현을 내놓으라고 하면 서슴없이 내놓을 수 있는 표현이지요. 500단어 내에서 철저히 현지인의 구어(Spoken English)를 바탕으로 뽑은 표현이라서 이것만 알아도 원어민과 일상대화는 충분합니다.

따라서 영어공부를 막 시작하는 사람이나 오랫동안 공부했지만 아직도 영어회화의 기초가 제대로 잡혀 있지 않은 사람이라면 누구라도 이 책으로 다시 한 번 시작해보세요.

저는 《영어회화 리얼표현 2.5.8》의 목차를 아래와 같이 나눴습니다.

CHAPTER 1 모르면 입도 뻥긋 못하는 리얼 키워드에서는 영어회화를 제대로 하고 싶은 사람이라면 꼭 알아야 하는 단어 agree부터 write까지, 총 67개의 단어를 선정하고 각 단어가 사용된 리얼표현을 2개씩 정리했습니다.

CHAPTER 2 바꿔 쓰고 돌려 쓰는 리얼 패턴에서는 This is ~나 Can I ~?, I like ~처럼 쉬우면서 영어로 대화를 나눌 때 가장 많이 사용하는 문장 패턴 73개를 정리했습니다. 각 패턴에 제시된 2개의 리얼표현만 제대로 익혀도 어느 정도 영어로 말할 수 있게 됩니다.

CHAPTER 3 통째로 외워 쓰는 리얼 익스프레션에서는 일상생활에서 흔히 겪게 되는 100개의 상황에서 실제 원어민이 정말 많이 쓰는 리얼표현을 4개씩 정리했습니다. 다시 한 번 말씀 드리지만, 정말 현지인들이 쓰는 표현만 정리했기에 이 책에 나온 표현만 알아도 영어는 됩니다.

매일 이 책에 나오는 리얼표현을 듣고, 읽고, 따라 말하고(섀도잉 & 에코잉), 동시통역하는 트레이닝을 하면서 하루를 시작하고 끝내세요. 제발 하란 대로만 해주십시오. 몰라보게 유창해진 독자님들의 영어를 발견하실 수 있을 겁니다. 진짭니다!

백선영

: 이 책의 설계도 :

매우 클래식하게,
가장 믿을 만하게.

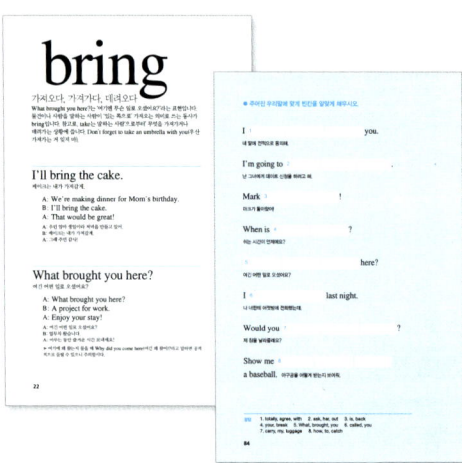

:: CHAPTER 1
모르면 입도 뻥긋 못하는 리얼 키워드

67개 리얼 키워드를 선정, 2개의 대표 리얼표현과 생동감 넘치는 대화문을 제시했습니다. 끝나면 배운 내용을 바로 복습할 수 있습니다. 문장의 빈칸을 채워 완전한 표현으로 만들어 보세요.

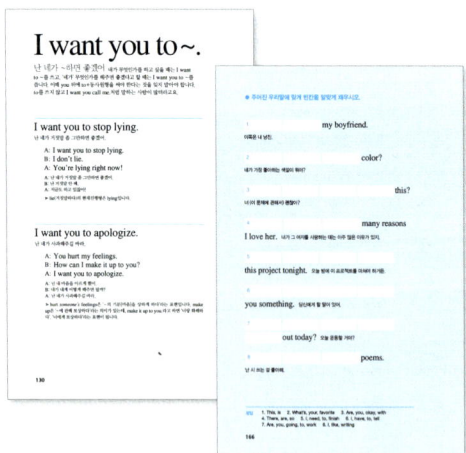

:: CHAPTER 2
외워 쓰고 돌려 쓰는 리얼 패턴

73개 리얼 패턴을 선정, 2개의 대표 리얼표현과 생동감 넘치는 대화문을 보여줍니다. 끝에 배운 내용을 바로 복습할 수 있습니다. 문장의 빈칸을 채워가며 대표 리얼표현을 제대로 익혔는지 확인해보세요.

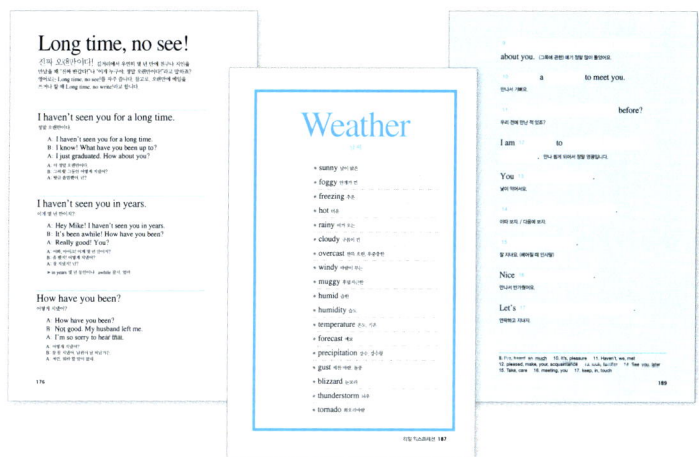

:: **CHAPTER 3**
통째로 외워 쓰는 리얼 익스프레션

일상에서 자주 접하는 100개 상황에서 많이 쓰는 중요한 리얼표현을 4개씩 알려드립니다. 상황과 관련 있는 단어·표현을 모은 워드 리스트도 놓치지 마세요. CHAPTER 1, 2와 마찬가지로 각 유닛이 끝날 때 배운 문장을 확인할 수 있습니다.

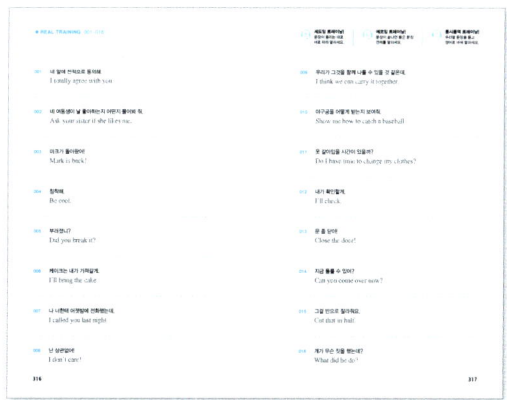

:: **리얼표현 트레이닝** 섀도잉 트레이닝 + 에코잉 트레이닝 + 동시통역 트레이닝

'섀도잉 트레이닝', '에코잉 트레이닝', '동시통역 트레이닝'으로 학습한 리얼표현을 완벽하게 익힐 수 있습니다.(책에는 일부만 수록)

: 이 책의 사용법 :

리얼표현 완벽 암기 시스템,
2·5·8 리얼 학습법

★ 영어가 나오는 비밀번호 2·5·8의 비밀!

좋은 표현을 골라드려도 제대로 먹지 못하면 무슨 소용이겠습니까. 저 백선생이 좋은 식재료를 골라드리는 것에 그치지 않고 요리법까지 알려드리겠습니다. 하나도 어렵지 않습니다. 다만 인내심은 필요합니다. 설마 영어가 그냥 된다고 생각하지는 않으시겠죠? 고르고 골라 뽑은 리얼표현을 여러분의 것으로 만들기 위해서 '2·5·8 리얼 학습법'을 알려드립니다.

2 두 번 들으십시오. 리얼표현과 리얼표현이 사용된 대화문을 들으면서 리얼표현의 발음과 사용할 수 있는 상황에 익숙해져야 합니다. 첫 번째 듣기 때는 발음을 주의 깊게 듣고, 두 번째 듣기 때는 따라 해보세요.

5 최소 5번은 책을 보고 읽으십시오. 들으면서 2번 따라 읽고, 듣지 말고 2번 크게 읽고, 나머지 한 번은 책을 보고 읽으면서 녹음해보십시오. 녹음한 것을 체크하면서 발음과 억양이 이상한 곳을 집중적으로 연습하세요.

8 8번 외워 말하세요. 부록인 **리얼표현 트레이닝**을 활용하세요. 리얼표현을 들으며 거의 동시에 따라 말하기 3회, 듣고 나서 기억해서 말하기 3회, 한국어 듣고 영어로 바꿔 말하기 2회면 됩니다. 네이티브들이 일상생활에서 항상 쓰는 진짜 리얼표현이 진짜 입에서 튀어나옵니다!

★ 리얼 학습법은 리얼 MP3와 함께!

4가지 버전의 무료 MP3 자료를 다락원 홈페이지(www.darakwon.co.kr)에서 내려받으세요. '리스닝 포커스용 MP3'를 최소 두 번 들으면서 표현의 발음과 강세, 리듬, 억양을 익히세요. '섀도잉용 MP3'와 '에코잉용 MP3'를 활용해 **리얼표현 트레이닝**을 진행하세요. 마지막으로 '동시통역용 MP3'를 사용해 원어민처럼 리얼표현을 바로바로 말해보세요.(스마트폰으로 표지에 있는 QR코드를 스캔하면 바로 다락원 홈페이지로 접속됩니다. 콜롬북스 어플을 받으면 어플을 통해서도 MP3를 무료로 이용할 수 있습니다.)

: 이 책의 목차 :

CHAPTER 1

모르면 입도 뻥긋 못하는 리얼 키워드

16 모르면 입도 뻥긋 못하는 리얼 키워드

agree 동의하다, 찬성하다
ask 묻다, 부탁하다
back 제자리로, 되돌아와서, 뒤쪽에, 등, 뒤쪽
be ~이다
break 부수다, 깨다, 휴식
bring 가져오다, 가져가다, 데려오다
call 전화하다, 부르다, 전화
care 상관하다, 마음을 쓰다
carry 나르다, 운반하다
catch 잡다, 따라잡다, 걸리다
change 바꾸다, 갈아입다, 잔돈
check 확인하다, 점검하다, 체크하다
close 닫다, 가까운, 가까이
come 오다
cut 자르다, 베다
do 하다
enough 충분한
fill 채우다
forget 잊다, 잊어버리다
get 받다, 사다, 얻다
give 주다
go 가다
great 큰, 대단한, 위대한, 중요한
have 가지다, 가지고 있다, 먹다
help 돕다, 도움
hold 들고 있다, 잡다, 유지하다, 잡기, 지연
hot 뜨거운, 더운, 섹시한
keep 계속 ~하다, 보유하다
know 알다
leave 떠나다, (~한 상태로) 그대로 두다
let ~하게 하다
like 좋아하다, ~같은
listen 듣다, 귀 기울이다
live 살다, 거주하다
look 보다, (~처럼) 보이다
make 만들다
meet 만나다
miss 그리워하다, 놓치다, 빠트리다
move 옮기다, 옮기다
open 열다, 열려 있는, 솔직한
pass 통과시키다, 통과하다, 지나가다, 건네주다, (시험에) 합격하다
pay (돈을) 내다, 지급하다
play 놀다
pick 뽑다, 선택하다
pretty 예쁜, 꽤, 매우
pull 당기다
put (내려)놓다, 두다
run 달리다, 뛰다, 출마하다
see 보다, 만나다
send 보내다
show 보이다, 보여주다
shut 닫다
sorry 안타까운, 유감스러운, 미안한
speak 말하다
start 시작하다
step 걸음, 계단, 단계, 걸음을 내디디다
stop 멈추다, 그만두다
take 잡다, 가지고 가다, 시간이 걸리다, (약을) 먹다
talk 말하다
text 문자를 보내다, 본문, 글
think 생각하다
try 시도하다, 노력하다, ~하려고 하다, 시도

turn 돌리다, 바꾸다
wait 기다리다
want 원하다, 바라다
work 일하다, 일, 직장
write 쓰다, 적다

▶ EXERCISE

CHAPTER 2
**바꿔 쓰고 돌려 쓰는
리얼 패턴**

92 바꿔 쓰고 돌려 쓰는 리얼 패턴

This is ~.
이쪽은[이것은/여기는] ~이야
What's your ~? 너의 ~이 뭐니?
Are you ~? 넌 ~이니?
There are ~. ~이 있어
Are there any ~? ~이 있니?
I need to ~. 나는 ~을 해야 해
I have to ~. 나 ~을 해야 해
I'm going to ~. 난 ~할 거야
Are you going to ~?
너 ~을 할 거야?
Who's going to ~?
~할 사람이 누구야?
I like ~. 난 ~하는 것을 좋아해
Do you like ~? ~을 좋아하니?
I feel like V-ing ~. ~을 하고 싶어
I don't feel like V-ing ~.
~하고 싶지 않아
I feel ~. ~을 느껴
I'm kind of ~. 나 좀 ~해
I'm getting ~. 점점 ~해져
I think ~. 난 ~라고 생각해
I don't think ~.
난 ~라고 생각하지 않아
Do you think ~? ~라고 생각해?
I think it's time ~.
~할 시간인 것 같아

Let's ~. (우리) ~하자
Can I ~? ~해도 돼?
Can I have ~?
내게 ~을 줄래?
Can you ~? ~해줄래?
Could you ~? ~을 해주겠니?
I can't believe ~.
~하다니 믿기지 않아
That's why ~.
그게 바로 ~한 이유야
I was wondering if ~.
~해주었으면 해
How about ~? ~하는 게 어때?
Do you want to ~? ~하고 싶니?
Would you like to ~? ~하겠니?
Make sure to ~. 꼭 ~해라
Don't forget to ~.
~하는 것을 잊지 마
I think you should ~.
넌 ~해야 할 것 같아
I think you'd better ~.
네가 ~하는 게 좋을 것 같아
I told you to ~.
내가 너더러 ~하라고 했잖아
I want you to ~.
난 네가 ~하면 좋겠어
Don't be so ~. 너무 ~하지 마
Why are you so ~?
왜 그렇게 ~해?
I'm sorry I can't ~.
~할 수가 없어서 미안해
I'm sorry about ~.
~에 관해 미안해, ~에 대해 유감이야
Thank you for ~.
~에 대해서[해줘서] 고마워
That would be ~.
진짜 ~하겠다
What are you V-ing ~?
(지금) 무슨 ~하는 거야?
I'm trying to ~.
~하려고 노력하고 있어
Do you have ~? ~이 있니?
Do you know ~? ~을 알고 있니?
I like your ~. 너의 ~이 마음에 들어

I like the way ~.
~하는 모습[방법]이 마음에 들어

You look ~. 너 ~해 보여

It looks like ~. ~인 것 같아

I don't care ~. ~든 상관없어

Are you sure about ~?
~에 대해서 확실해?

What kind of ... do you ~?
어떤 종류[분야]의 …을 ~하니?

Why did you ~? 왜 ~했어?

Where is ~? ~은 어디에 있지?

I'm looking for ~.
~을 찾고 있어

I've never+p.p. ~.
난 한 번도 ~해본 적 없어

I should have+p.p. ~.
~했어야 했는데

Is it okay if ~? ~해도 돼?

I'm worried about ~.
난 ~이 걱정돼

I didn't mean to ~.
~한 의도는 아니었어

Are you done with ~?
~이 끝났니?

It's not easy to ~.
~하는 것은 쉽지 않아

I have trouble V-ing ~.
~하는 게 힘들어

I'm tired of ~. ~하는 게 지겨워

I'm interested in ~.
~에 흥미[관심]가 있어

I'm here ~. ~하러 왔어

I heard you V-ing ~.
네가 ~하는 소리를 들었어

I'm calling about ~.
~때문에 전화했어

What if ~? ~하면 어떡하지?

If I were you, I would ~.
내가 너라면 난 ~할 텐데

▶ EXERCISE

CHAPTER 3

통째로 외워 쓰는
리얼 익스프레션

174 만나고 헤어지고

How are you doing?
잘 지내니?

Long time, no see!
진짜 오랜만이다!

What a surprise to meet you here! 널 여기서 만나다니!

Good. 잘 지내.

I'm so happy these days.
요즘 정말 행복해.

I'm very busy. 진짜 바빠.

Hi! I'm Jason.
안녕! 난 제이슨이라고 해.

This is my friend John.
이쪽은 내 친구 존이야.

Nice to meet you! 만나서 반가워!

Haven't we met before?
우리 전에 만난 적 있죠?

Bye. 안녕.

I'll be in touch. 연락할게.

▶ EXERCISE

190 대화를 나눌 때

Do you have time? 시간 좀 있어?

As you know... 너도 알다시피….

Don't tell anybody.
아무한테도 말하지 마.

I think so, too. 나도 그렇게 생각해.

No kidding! 말도 안 돼!

What's your point? 요점이 뭐야?

Let me make this clear.
내가 이거는 분명히 말하지.

Is that clear? 이해돼?

I got it. 이해했어.

I don't understand.
이해가 안 돼.

I didn't mean it. 내 말은 그런 뜻이 아니었는데.
You're right. 네 말이 맞아.
You're wrong! 너 틀렸어!
You're so wrong!
너 완전히 헛다리 짚었어!
You're crazy. 미쳤군.
Relax! 진정해!

▶ EXERCISE

210 감정과 상태를 말할 때

I'm angry. 나 화났어.
I'm feeling down. 기분이 우울해.
It's terrible. 최악이야.
I'm scared. 겁이 나.
I'm in big trouble. 나 큰일 났어.
I have no money. 돈이 한 푼도 없어.
Please leave me alone.
날 좀 내버려둬.
Mind your own business.
남의 일에 참견하지 마.
I don't care at all.
전혀 상관없어.
Cheer up! 힘내!
Come on, you can do it!
해봐, 넌 할 수 있어!
Trust me. 날 믿어.
I'm with you. 난 네 편이야.
Thank you. 고마워.
I'm so sorry. 정말 미안해.
It's my fault. 내 잘못이야.

▶ EXERCISE

230 연애와 사랑

She's hot. 그녀는 섹시해.
Are you free Saturday night?
토요일 저녁때 시간 있어?
I have a boyfriend.
난 남자친구가 있어.
You look great! 너 정말 근사하다!
I love you. 난 널 사랑해.

Did you sleep together?
너희 같이 잤어?

▶ EXERCISE

240 집에서

Dinner's ready! 저녁 다 됐다!
No TV during dinner.
저녁 먹는 중에 TV는 안 돼.
What's on TV? TV에서 뭘 해?
I'm going to bed. 난 자러 갈 거야.
Stop that! 그만해!
Be careful! 조심해!
Be quiet! 조용히 해!
It broke. (그거) 고장 났어.
It crashed. 컴퓨터가 다운됐어.
Are you free later today?
이따가 시간 있어?
Help yourself. 마음껏 드세요.
Oh, look at the time!
어, 시간이 벌써 이렇게 됐네!
Let's go. 가자.
Can I call you a taxi?
택시 불러줄까?

▶ EXERCISE

258 식당에서

I'm hungry. 배고파.
Do you want something
to eat? 뭐라도 좀 먹을래?
We need a table for four.
네 명 자리 있어요?
I haven't decided yet.
(뭘 주문할지) 아직 결정하지 못했어요.
Coffee, please. 커피 주세요.
It's delicious. 맛있어요.
How about a beer?
맥주 한잔 할래?
Cheers! 건배!
It's on me. 내가 낼게.
Check, please. 계산서 주세요.

▶ EXERCISE

272 아프고 위급할 때

You look tired. 너 피곤해 보여.
I'm sick. 나 (몸이) 아파.
I have a headache. 두통이 있어.
I'm allergic to cats.
난 고양이 알레르기가 있어.
I feel like throwing up.
토할 것 같아.
It hurts right here.
바로 여기가 아파요.
She's pregnant. 그녀는 임신했어.
It's urgent! 비상이야!

▶ EXERCISE

284 여행할 때

What's the departure time?
출발 시간이 언제죠?
I want to check in.
체크인하고 싶어요.
The shower is out of order!
샤워기가 고장 났어요!
Where's the nearest subway station? 가장 가까운 지하철역이 어디에 있나요?
Airport, please. 공항으로 가주세요.
Fill her up.
차에 기름을 가득 채워주세요.

▶ EXERCISE

294 쇼핑할 때

I need some jeans.
청바지를 사려고요.
Can I try this on?
이거 착용해봐도 될까요?
It's too big. 너무 크네요.
I like it. 그게 마음에 들어요.
It's too expensive. 너무 비싸요.
Can you gift-wrap this?
이거 포장해주시겠어요?

▶ EXERCISE

304 전화할 때

Who's calling, please? 누구시죠?
Can I talk to Tommy?
토미랑 통화할 수 있나요?
Wait, please. 잠시만요.
He's out right now.
(그는) 지금 자리에 없어요.
Can I take a message?
메시지를 전해드릴까요?
I'll call you back.
내가 다시 전화할게.

▶ EXERCISE

＋ 리얼! 워드 리스트

- 187 Weather 날씨
- 207 Jobs 직업
- 227 Emotions & Condition
  감정과 상태
- 237 Appearance 외모
- 255 Housework 가사일
- 269 Menu & Dessert 메뉴와 디저트
- 281 Slight Illness
  가볍게 몸이 아픈 증상
- 291 Traffic 교통
- 301 Clothing 옷
- 311 Number 숫자

리얼표현 트레이닝

- 316 섀도잉 트레이닝
  에코잉 트레이닝
  동시통역 트레이닝

**Real
English
Expressions**

CHAPTER 1

모르면 입도 뻥긋 못하는
리얼 키워드

「CHAPTER 1 모르면 입도 뻥긋 못하는 리얼 키워드」에서는 영어 회화를 제대로 하고 싶은 사람이라면 꼭 알아야 하는 67개의 단어가 사용된 핵심 리얼표현을 익혀봅시다.

모르면 입도 뻥긋 못하는

리얼 키워드

말(회화)의 기본은 바로 동사입니다. '나(I)'를 알고 '가다(go)'의 동사만 알아도 세상에서 가장 짧은 I go.라는 문장을 만들 수 있습니다. 그러므로 가장 기본적인 명사와 동사만 알아도 일상생활에서 쓰는 간단한 문장을 알아들을 수 있고, 얼추 말할 수도 있습니다.

그 많고 많은 단어 가운데 꼭 알아야 하는 단어 67개를 선정했습니다. 이 67개 단어의 뜻을 알고, 이 단어들이 가장 많이 사용되는 회화 표현을 아는 것만으로도 기초적인 의사소통이 가능해집니다.

이제 복잡하고 골치 아픈 단어 공부는 그만하고, 회화에 꼭 필요한 우선순위의 단어부터 먼저 끝내세요. 회화에 가장 많이 사용되는 단어 67개만 알아도 미국인 앞에서 기죽지 않게 됩니다.

agree

동의하다, 찬성하다 '동의하다'라는 의미인 agree의 반대말이 뭐냐고 학생에게 물어본 적이 있습니다. 돌아온 답은 unagree였죠. 정답은 disagree입니다. agree는 '(상대방의 의견에) 동의하다[찬성하다]'라는 뜻의 동사입니다.

I totally agree with you.
네 말에 전적으로 동의해.

A: I can't believe that was the final decision.
B: I totally agree with you.
A: Let's go get some beers.

A: 그게 최종 결정이었다니 정말 믿을 수가 없네.
B: 네 말에 전적으로 동의해.
A: 맥주나 마시러 가자.

▶ agree with *someone*은 '(~에게) 동의하다'라는 뜻입니다. agree to *something*은 '~에 대해 합의하다'라는 의미로 쓰는 표현입니다. final decision 최종 결정

I agree to follow the rules.
그 규칙들을 따르는 것에 동의합니다.

A: Did you look over the list of rules for the program?
B: Yes. I agree to follow the rules.
A: Great, you can get started anytime!

A: 그 프로그램의 온갖 규칙들을 살펴보셨나요?
B: 물론이죠. 그 규칙들을 따르는 것에 동의합니다.
A: 좋습니다. 언제든 시작하세요!

▶ follow (규칙 등을) 따르다   look over 검토하다   get started (어떤 일을) 시작하다[착수하다]

ask

묻다, 부탁하다 누가 나에게 ask하면 answer를 해야겠지요. ask는 '묻다', '질문하다'라는 의미의 동사입니다. '부탁하다'라는 의미도 있습니다.

Ask your sister if she likes me.

네 여동생이 날 좋아하는지 어떤지 물어봐 줘.

A: Ask your sister if she likes me.
B: No way!
A: Come on, help me out!

A: 네 여동생이 날 좋아하는지 어떤지 물어봐 줘.
B: 꿈 깨셔!
A: 그러지 말고, 좀 도와주라!

I'm going to ask her out.

난 그녀에게 데이트 신청을 하려고 해.

A: I'm going to ask her out.
B: I don't think she likes you.
A: It won't hurt to ask!

A: 그녀에게 데이트 신청을 하려고 해.
B: 걔가 널 안 좋아하는 것 같은데.
A: 물어본다고 손해볼 것도 없는데 뭐.

▶ ask *someone* out ~에게 데이트 신청하다

back

제자리로, 되돌아와서, 뒤쪽에, 등, 뒤쪽

테네시 주 내쉬빌이라는 도시를 갔을 때 어느 패밀리 레스토랑에 들른 적이 있습니다. 화장실이 어디냐고 물었더니 종업원 왈, Out back이라더군요. 아웃백 레스토랑을 찾아가란 말인가 혼란스러웠던 기억이 납니다. out back은 '밖에 나가서 뒤쪽에'라는 의미입니다. back은 '뒤쪽에', '제자리로', '(원래 상태나 자리로) 돌아와서'라는 부사일 때의 뜻과 '등', '허리', '뒤쪽'이라는 명사일 때의 뜻만 알면 됩니다.

Mark is back!
마크가 돌아왔어!

    A: Mark is back!
    B: Where was he?
    A: He was away at college.

    A: 마크가 돌아왔어!
    B: 어디 있었대?
    A: 대학교에 다녔나 봐.

Scratch my back.
등 좀 긁어 줘.

    A: Scratch my back.
    B: What's wrong?
    A: I think I have a rash!

    A: 등 좀 긁어 줘.
    B: 등에 무슨 문제라도?
    A: 두드러기 같은 게 난 것 같아!

    ▶ rash 두드러기, 발진

be

~이다 be동사는 동사 중에서도 가장 기본입니다. Be nice(친절하게 굴어).처럼 명령문에 나올 때와 조동사 will, can, must 등의 뒤에 나올 때는 원래 be동사의 형태를 그대로 씁니다. 하지만 일반적인 문장에서는 시제나 주어에 따라서 am, is, are, was, were로 형태가 바뀝니다. 카멜레온 같은 be동사, 이건 그냥 외워야 합니다!

Be cool.
침착해.

A: Oh my god! Ken is coming this way!
B: Don't act strange. Be cool.
A: I'm trying!

A: 어머! 켄이 우리 쪽으로 오고 있어!
B: 이상하게 행동하지 마. 침착해.
A: 노력하고 있어!

▶ cool에는 '선선한'이라는 뜻뿐 아니라 '침착한'이라는 의미도 있습니다. 누군가에 대해서 cool하다고 표현하면 굉장히 '멋진' 사람이라는 의미입니다.

Will you be at the party?
파티에 올 거예요?

A: Will you be at the party?
B: No, I have to work.
A: Maybe you can come after?

A: 파티에 올 거예요?
B: 아니, 일해야 해요.
A: 나중에라도 올 수 있어요?

break

부수다, 깨다, 휴식 I will break your neck(네 목을 부러뜨릴 테야).처럼 break을 '(무엇을) 부수다'라는 동사로 쓸 수도 있고, take a break(휴식을 취하다)처럼 '휴식'을 뜻하는 명사로 쓸 수도 있습니다.

Did you break it?
(팔이) 부러졌니?

    A: I hurt my arm really bad.
    B: Did you break it?
    A: No, it's not broken.

    A: 팔을 심하게 다쳤어.
    B: 팔이 부러졌니?
    A: 아니, 부러지진 않았어.

    ▶ broken은 break의 과거분사형입니다.

When is your break?
쉬는 시간이 언제예요?

    A: When is your break?
    B: It's in 2 hours.
    A: I'll stop by and talk with you then.

    A: 쉬는 시간이 언제예요?
    B: 두 시간 있다가요.
    A: 그때 잠시 들릴 테니 얘기 좀 해요.

    ▶ in ~후에   stop by 잠시 들르다

bring

가져오다, 가져가다, 데려오다

What brought you here?는 '여기엔 무슨 일로 오셨어요?'라는 표현입니다. 물건이나 사람을 말하는 사람이 '있는 쪽으로' 가져오는 의미로 쓰는 동사가 bring입니다. 참고로, take는 말하는 사람'으로부터' 무엇을 가져가거나 데려가는 상황에 씁니다. Don't forget to take an umbrella with you(우산 가져가는 거 잊지 마).

I'll bring the cake.
케이크는 내가 가져갈게.

> A: We're making dinner for Mom's birthday.
> B: I'll bring the cake.
> A: That would be great!
>
> A: 우린 엄마 생일이라 저녁을 만들고 있어.
> B: 케이크는 내가 가져갈게.
> A: 그래 주면 감사!

What brought you here?
여긴 어떤 일로 오셨어요?

> A: What brought you here?
> B: A project for work.
> A: Enjoy your stay!
>
> A: 여긴 어떤 일로 오셨어요?
> B: 업무차 왔습니다.
> A: 머무는 동안 즐거운 시간 보내세요!
>
> ▶ 여기에 왜 왔는지 물을 때 Why did you come here(여긴 왜 왔어?)?라고 말하면 공격적으로 들릴 수 있으니 주의합시다.

call

전화하다, 부르다, 전화 call은 일반적으로 '전화를 걸다'라는 뜻으로 씁니다. 그리고 '이름을 지어주다', '~라고 부르다'라고 말할 때도 call을 씁니다. 명사로는 '전화', '소명', '사명'의 뜻이 있습니다.

I called you last night.
나 너한테 어젯밤에 전화했는데.

    A: I called you last night.
    B: You did?
    A: I even left a message.

       A: 나 너한테 어젯밤에 전화했는데.
       B: 그랬어?
       A: 메시지도 남겼어

Did I miss a call?
내가 전화 못 받았니?

    A: Did I miss a call?
    B: Yes. Call Sarah!
    A: Thanks for taking the message.

       A: 내가 전화 못 받았니?
       B: 응. 사라에게 전화해봐!
       A: 메세지 전해줘서 고마워.

care

상관하다, 마음을 쓰다 여친이나 와이프 입에서 자주 나오는 대표 레퍼토리 중 하나가 "나에게 관심이나 있어?" 또는 "날 신경 쓰기나 해?"죠. 이럴 때 쓰는 단어가 care입니다. '난 상관없다'라고 할 때도 care를 씁니다. 그 유명한 문장 아시죠? I don't care!

I don't care!
난 상관없어!

> A: What do you want for dinner?
> B: I don't care!
> A: How about pizza?
>
> A: 저녁 뭐 먹을래?
> B: 난 상관없어!
> A: 피자는 어때?

Don't you care about me?
내 생각은 안 해?

> A: We need to break up.
> B: Don't you care about me?
> A: Not anymore.
>
> A: 우리 헤어져.
> B: 내 생각은 안 해?
> A: 이젠 아니야.
>
> ▶ break up 헤어지다   anymore 더 이상, 이제는

carry

나르다, 운반하다 가방이나 짐 같은 물건을 나를 때 carry를 씁니다. 스마트폰 등 몸에 휴대하고 다니는 것을 나타낼 때도 carry를 쓰기는 하지만, carry를 가장 많이 쓰는 상황은 가방이나 짐을 나를[운반할] 때입니다.

I think we can carry it together.
우리가 그것을 함께 나를 수 있을 것 같은데.

A: That table is really heavy.
B: I think we can carry it together.
A: Let's give it a try.

A: 저 식탁 정말 무거워.
B: 우리가 그것을 함께 나를 수 있을 것 같은데.
A: 한번 해보자.

▶ give it a try 시도하다, 한번 해보다

Would you carry my luggage?
제 짐을 날라줄래요?

A: Is there anything I can help you with?
B: Would you carry my luggage?
A: Yes, I'll take it to the car.

A: 제가 뭘 도와드릴까요?
B: 제 짐을 날라줄래요?
A: 그럼요, 차까지 옮겨드릴게요.

▶ luggage 짐, 수화물, 가방

catch

잡다, 따라잡다, 걸리다 동사 catch는 주로 3가지 상황에서 쓴다는 것만 알아두세요. 첫째, '(공이나 물건 혹은 손을) 잡다[받다]', 둘째, '(수업이나 밀린 일들을) 따라잡다', 셋째, '(감기에) 걸리다'.

Show me how to catch a baseball.
야구공을 어떻게 받는지 보여줘.

 A: Can you help me practice?
 B: What can I help you with?
 A: Show me how to catch a baseball.

 A: 연습하는 것 좀 도와줄 수 있어?
 B: 뭘 도와줄까?
 A: 야구공을 어떻게 받는지 보여줘.

I hope I don't catch a cold.
감기에 안 걸렸으면 좋겠어.

 A: I hope I don't catch a cold.
 B: Make sure to wash your hands and take vitamins.
 A: I have been!

 A: 감기에 안 걸렸으면 좋겠어.
 B: 꼭 손을 씻고 비타민을 먹도록 해.
 A: 그러고 있어!

▶ cold 감기 take (약 등을) 복용하다

change

바꾸다, 갈아입다, 잔돈 change는
'바꾸다'라는 동사의 의미와 '잔돈'이라는 명사의 의미만 알면 됩니다.
명사 change(잔돈)와 관련해서는 Do you have change for ~?
문장패턴을 외워두세요.

Do I have time to change my clothes?
옷 갈아입을 시간이 있을까?

    A: I'm getting ready to leave for the bar.
    B: Do I have time to change my clothes?
    A: Yes, if you hurry!

  A: 난 바에 갈 준비가 끝났어.
  B: 옷 갈아입을 시간이 있을까?
  A: 네가 서두르기만 한다면, 당연히 있지.

▶ clothes 옷

Do you have change for a ten-dollar-bill?
10달러짜리 지폐를 잔돈으로 바꿔줄 수 있어요?

    A: Do you have change for a ten-dollar-bill?
    B: I have two fives. Is that okay?
    A: That's perfect!

  A: 10달러짜리 지폐를 잔돈으로 바꿔 줄 수 있어요?
  B: 5달러 지폐가 두 장 있는데, 괜찮을까요?
  A: 좋죠!

▶ bill 지폐

check

확인하다, 점검하다, 체크하다 미국에서 배운 아주 인상 깊은 표현 중 하나가 바로 Check out those babes!입니다. 우리말로 하자면 '저쪽에 있는 여자들 좀 봐!'라는 표현으로 check에는 '확인하다'라는 뜻이 있습니다. 아, 호텔에 투숙할 때는 check in, 호텔에서 완전히 나갈 때는 check out한다는 것도 알아두세요.

I'll check.
내가 확인할게.

    A: What time is dinner tonight?
    B: I'll check.
    A: Let me know when you find out.

    A: 오늘 저녁은 몇 시에 먹어?
    B: 내가 확인할게.
    A: 확인 후 알려줘.

    ▶ find out 발견하다, 알아내다

Check out my new car!
내 새 차 좀 보라고!

    A: Check out my new car!
    B: What kind is that?
    A: It's a Volvo.

    A: 내 새 차 좀 보라고!
    B: 어디 거야?
    A: 볼보야.

    ▶ kind가 명사로는 '종류'라는 뜻이 있습니다.

close

닫다, 가까운, 가까이 동사로 쓰일 때는 '닫다', 형용사로는 '가까운', 부사로는 '가까이', '바싹'이라는 뜻으로 쓰입니다. 동사일 때는 "클로:즈", 형용사와 부사로 쓰일 때는 "클로:스"라고 발음한다는 거 주의하세요.

Close the door!
문 좀 닫아!

> A: Close the door!
> B: Why?
> A: You're letting the cold air in!

A: 문 좀 닫아!
B: 왜?
A: 찬바람이 들어오잖아!

Stay close by me!
내 옆에 바짝 붙어있어!

> A: Stay close by me!
> B: Are you scared?
> A: Yes, so stay close.

A: 내 옆에 바짝 붙어있어!
B: 겁나?
A: 응, 그러니 내 옆에 있어 줘.

▶ by ~옆에 scared 무서운, 두려운

come

오다 누구에게 Come here!라고 하면 "이리 와!"라는 명령문이 되죠. come 뒤에 전치사 in이나 over 등을 붙여서도 많이 씁니다. 학교 다닐 때 많이 들은 '동사구'라는 건데, 어려운 문법용어는 건너뛰고 중요한 표현만 익힙시다.

Can you come over now?
지금 들를 수 있어?

    A: Can you come over now?
    B: Now? Why?
    A: To come get your mail.

A: 지금 들를 수 있어?
B: 지금? 왜?
A: 와서 우편물 가져가.

▶ come over 들르다, 불쑥 방문하다, 집에 오다

Come on in!
들어오세요!

    A: Come on in!
    B: Hi, it's just me.
    A: Hey, thanks for stopping by!

A: 들어오세요!
B: 안녕, 나예요.
A: 이야, 들려줘서 고마워!

cut

자르다, 베다 햄버거나 샌드위치를 반으로 잘라달라고 할 때 뭐라고 하면 될까요? 답은 Cut that in half, please.입니다. 참 쉽죠?

Cut that in half.
그걸 반으로 잘라줘요.

A: I'll have just a small piece of cake.
B: Is this piece okay?
A: Cut that in half, please.

A: 케이크는 아주 조금만 먹으려고요.
B: 이 정도 조각이면 괜찮나요?
A: 그걸 반으로 잘라줘요.

▶ in half 절반으로   piece (자르거나 나눈) 조각, 한 개

I cut my hand!
나 손 베었어!

A: I cut my hand!
B: Do you need help?
A: Get me a bandage!

A: 나 손 베었어!
B: 도와줄까?
A: 반창고 좀 갖다 줘!

▶ bandage 반창고, 붕대

do

하다 주어와 시제에 따라 do의 모습이 어떻게 바뀌는지, do를 사용해 의문문과 부정문을 어떻게 만드는지를 알고 있다면 do에 관해서는 더 얘기할 게 없습니다. I do my homework. / Tom does his homework. / Do you like me? / Does she like me? / Did you like me? / I don't know the answer. / He doesn't know the answer. / We didn't know the answer.에서 do의 형태를 확인하세요.

What did he do?
걔가 무슨 짓을 했는데?

    A: I spanked my son today.
    B: What did he do?
    A: He was pinching his baby sister.

    A: 나 오늘 아들의 볼기짝을 때렸어.
    B: 걔가 무슨 짓을 했는데?
    A: 갓난아기인 지 여동생을 꼬집고 있었지 뭐야.

    ▶ spank 볼기[엉덩이]를 때리다 pinch 꼬집다

Tell me what to do.
뭘 해야 할지 말해줘.

    A: Is this right?
    B: No.
    A: Tell me what to do.

    A: 이게 맞아?
    B: 아니.
    A: 뭘 해야 할지 말해줘.

enough

충분한 어떤 사건 때문에 사과를 하고 보상도 충분히 했는데 여전히 난리를 치는 놈이 있다면 한 마디 해주세요. Enough is enough.라고요. 이 말은, '야, 그만하면 됐어', '그쯤 해둬'라는 의미입니다.

That's enough.
그거면 됐어요. / 그 정도면 됩니다.

    A: Can you put some cream in my coffee?
    B: Sure, tell me when to stop.
    A: That's enough.

A: 제 커피에 크림을 좀 넣어주시겠어요?
B: 예. '그만'이라고 말씀해주세요.
A: 그거면 됐어요.

I've had enough.
전 충분히 먹었어요.

    A: Would you like some more pasta?
    B: No, thank you. I've had enough.
    A: Are you sure?

A: 파스타 더 드실래요?
B: 괜찮습니다. 전 충분히 먹었어요.
A: 정말이죠?

▶ '먹다'를 말할 때 eat 대신 have도 자주 씁니다.

fill

채우다 fill은 무엇을 어디에 '(가득) 채우다'라는 의미가 있습니다. fill에 전치사 up을 붙여서 fill up이라고 하면 '차량에 기름을 가득 채우다'라는 의미의 표현이고, fill in은 '(서류나 원서를) 작성하다'라는 의미입니다.

Fill it up!
가득 채워!

> A: You need to get gas on your way home.
> B: How much gas do you want me to put in?
> A: Fill it up!

A: 너 집에 가는 길에 기름 넣어야겠어.
B: 얼마나 넣을까?
A: 가득 채워!

▶ on one's[the] way ~하는 길에, 도중에

Please fill in this form.
이 (지원) 서류를 작성해주세요.

> A: I'd like to apply for the job.
> B: Please fill in this form.
> A: Thank you.

A: 그 일에 지원하고 싶습니다.
B: 이 서류를 작성해주세요.
A: 감사합니다.

▶ apply 지원하다, 신청하다 fill in (서식 등을) 작성하다[기재하다]

forget

잊다, 잊어버리다

억울하고 분할 때 "야, 그냥 잊어!"라는 말처럼 서운하고 기운 빠지는 말은 없습니다. 잊으라고 할 때 쓰는 단어가 바로 forget입니다. 잊지 않으면 새로운 시작도 없으니 억울하고 가슴 아파도 잘 잊어야겠죠?

Forget about it.

신경 쓰지 마세요. / 잊어버리세요.

A: I'm so sorry I hit your car.
B: Forget about it.
A: I'll make sure it gets fixed right away.

A: 선생님 차를 박아서 정말 죄송합니다.
B: 신경 쓰지 마세요.
A: 바로 수리를 요청하겠습니다.

▶ get *something* fixed ~을 고치다

Did you forget what I said?

내가 한 말 잊었어?

A: Did you forget what I said?
B: Yes, can you remind me?
A: I told you we have dinner reservations at 6.

A: 내가 한 말 잊었어?
B: 응, 다시 한 번 말해줄래?
A: 우리 6시에 저녁 식사 예약이 잡혔다고 말했잖아.

▶ remind 생각나게 하다, 상기시키다   dinner reservation 저녁 식사 예약

get

받다, 사다, 얻다 get만큼 여기저기에 쓰이는 단어는 없을 겁니다. 보통 '받다(receive)', '얻다(obtain)', '사다(buy)', '도착하다(arrive)', '되다(become)'의 의미로 많이 쓰는데, 가장 많이 쓰는 두 상황은 '(편지나 물건 등을) 받을' 때와 '(무엇을) 사거나 얻을' 때입니다.

Didn't you get my card?
너 내 카드 못 받았어?

    A: No one remembered my birthday.
    B: Didn't you get my card?
    A: No, did you send one?

A: 내 생일을 기억한 사람이 아무도 없어.
B: 너 내 카드 못 받았어?
A: 어, 보냈어?

▶ 부정형으로 물을 때 없거나 안 했다고 답하려면 먼저 No라고 말합니다. 우리말에서는 "응, 안 했어"라고 하기에 Yes라고 말할 것 같지만 영어는 다릅니다.

I need to get a few things.
몇 가지 물건 좀 사려고.

    A: Why are you going to the store?
    B: I need to get a few things.
    A: Oh yeah? Like what?

A: 가게엔 왜 가는데?
B: 몇 가지 물건 좀 사려고.
A: 그래서? 어떤 거?

▶ Like what? 예를 들면?

give

주다 살면 살수록 인생사 give and take라는 생각이 듭니다. 비즈니스도 그렇고, 인간관계도 그렇고, 주는 게 없으면 받는 것도 없지요. 세상에는 공짜가 없더라고요. 이런 것을 나타내는 영어표현이 There's no free lunch(= There's no free ride)입니다.

Give me the ketchup!
케첩 줘!

    A: Give me the ketchup!
    B: Ask nicely.
    A: Please pass me the ketchup.

    A: 케첩 줘!
    B: 친절하게 부탁해봐.
    A: 케첩 좀 건네주세요.

I'll give her my gift tomorrow.
나 내일 그녀에게 선물을 줄 거야.

    A: I'll give her my gift tomorrow.
    B: What did you get her?
    A: A T-shirt.

    A: 나 내일 그녀에게 선물을 줄 거야.
    B: 뭘 샀는데?
    A: 티셔츠.

go

가다 My headaches come and go라는 표현이 있습니다. 이 말은 '내 두통이 오다가다', 즉 '두통이 있다가 없다가 한다'라는 의미입니다. come(오다)의 반대말 짝인 go(가다)를 함께 알아둡시다.

Let's go to the movies.
영화 보러 가자.

 A: What do you want to do today?
 B: Let's go to the movies.
 A: Which one should we see?

 A: 너 오늘 뭐 하고 싶어?
 B: 영화 보러 가자.
 A: 어떤 영화를 볼까?

 ▶ go to the movies 영화 보러 가다(= go to a movie)

Go get her.
가서 걔를 잡아.

 A: Go get her.
 B: Why?
 A: I need to give her a bath.

 A: 가서 걔를 잡아.
 B: 왜?
 A: 걔를 목욕시켜야 해.

 ▶ give a bath 목욕시키다

great

큰, 대단한, 위대한, 중요한 발음에 특히 주의해야 할 단어입니다. 한국인 10명에게 great을 발음해보라고 하면 9명은 "그레이트"라고 발음하는데요, [r]발음을 충분히 살려서 "그뤠이트" 혹은 "그뤠잇"에 가깝게 발음을 해야 한다는 사실 꼭 기억하기 바랍니다.

It was a great game!
엄청난 경기였어!

> A: How was it?
> B: It was a great game!
> A: Who won?
>
> A: (경기) 어땠어?
> B: 엄청난 경기였어!
> A: 어디가 이겼는데?

I had a great time.
정말 재미난 시간을 보냈어. / 정말 재미있었어.

> A: I had a great time.
> B: Can we go out again tomorrow?
> A: I'd love to!
>
> A: 정말 재미난 시간을 보냈어.
> B: 우리 내일 또 나갈까?
> A: 좋지!

have

가지다, 가지고 있다, 먹다 동사 have의 쓰임새는 많습니다.
'강아지를 가지고 있다[키우다]', '애인이 있다', '열이 나다(have a fever)'를 표현할 때 have를 씁니다. 또 I'm having brunch(난 브런치를 먹고 있어).처럼 '먹다'라고 할 때도 have를 씁니다.

Do you have a dog?
개 키우세요?

A: Do you have a dog?
B: No, I am allergic to them.
A: Me, too!

A: 개 키우세요?
B: 아니요, 제가 개 알레르기가 있어서요.
A: 저도 그래요!

▶ be allergic to ~에 알레르기가 있다

I'll have the spaghetti.
스파게티로 먹을게요.

A: What would you like for dinner?
B: I'll have the spaghetti.
A: Coming right up!

A: 저녁으로 어떤 것을 드시겠어요?
B: 스파게티로 먹을게요.
A: 바로 대령하겠습니다!

▶ Coming right up!은 주문한 음식이 언제 나오냐고 재촉할 때 종업원들이 늘 하는 말입니다. "곧 나옵니다!" 대체 그 '곧'이 언제냐고요!

help

돕다, 도움

위기 상황에서 가장 효과적으로 쓸 수 있는 단어죠. 다급할 때 Help me(도와주세요)!라고 크게 외쳐보세요. help는 '돕다'라는 동사뿐 아니라 I appreciate your help(도움 감사 드립니다).처럼 '도움'이라는 명사로도 쓸 수 있습니다.

Let me help you.
제가 도와드릴게요.

A: This box is really heavy.
B: Let me help you.
A: I appreciate your help!

A: 이 상자 정말 무겁네요.
B: 제가 도와드릴게요.
A: 도와주신다니 정말 감사합니다!

▶ appreciate 고마워하다

I'll help fold the laundry.
옷 개는 것 도와줄게.

A: We have a lot to do at home today.
B: I'll help fold the laundry.
A: That would be helpful.

A: 우리 오늘 집에서 할 일이 엄청 많아.
B: 내가 옷 개는 것 도와줄게.
A: 그래 주면 좋고.

▶ '~하는 것을 거들다[돕다]'라고 할 때 help+(to) 동사원형으로 쓰고, '(남이) ~하는 것을 도와주다'를 말할 때는 help+목적어+(to) 동사원형을 씁니다. fold the laundry 세탁물을 개다 helpful 도움이 되는

hold

들고 있다, 잡다, 유지하다, 잡기, 지연 hold는 정말 많은 의미를 가진 단어입니다. 동사로는 '(물건이나 사람을) 잡다[쥐다]', '유지하다', '(재산, 땅 등을) 소유하다', '(무게 등을) 견디다' 등의 의미가 있고, 명사로는 '잡기', '쥐기', '연기' 등의 의미가 있습니다.

Can you hold this?
이것 좀 들어줄래?

A: I can't do this all myself.
B: Is there anything I can carry for you?
A: Can you hold this?

A: 이걸 내가 다는 못하겠는데.
B: 내가 뭣 좀 들어줄까?
A: 이것 좀 들어줄래?

The project is on hold.
프로젝트는 보류 중입니다.

A: The project is on hold.
B: Why is it on hold?
A: We ran out of money.

A: 프로젝트는 보류 중입니다.
B: 어째서 보류죠?
A: 예산이 부족해서요.

▶ on hold 보류되어, 연기되어   run out of ~이 다 떨어지다[동나다]

hot

뜨거운, 더운, 섹시한 미국 유학 초기 한 친구네 이야기입니다. 밤중에 아내가 열이 많이 나서 급하게 해열제를 얻으려 이웃집 문을 두드리고 이웃(미국인)에게 My wife is so hot!이라고 했답니다. 그랬더니 이웃집 남자, Good for you(좋으시겠어요)!라고 했다네요. 이웃집 남자가 미친 게 아닙니다. 친구는 hot을 (열이 나서) 몸이 뜨거운 상태를 말하려고 썼지만, 미국에서는 사람에 대해 hot이라고 하면 섹시하다는 말입니다.

Be careful, it's hot!
뜨거우니까 조심해!

> A: Be careful, it's hot!
> B: What is it?
> A: It's homemade soup.
>
> A: 뜨거우니까 조심해!
> B: 이게 뭐야?
> A: 집에서 직접 만든 수프야.
>
> ▶ homemade 집에서 만든, 손으로 만든

He's so hot.
(그는) 정말 섹시하지.

> A: He looks good, doesn't he?
> B: He's so hot.
> A: I'd love to meet him.
>
> A: 그 사람 잘 생겼어, 그지?
> B: 정말 섹시하지.
> A: 너무 만나고 싶다.

keep
계속 ~하다, 보유하다

동사 keep에는 Keep running(계속 뛰어)이나 Keep working(계속 일해),처럼 '계속해서 ~하다'라는 뜻과 '(무엇을) 계속해서 가지고 있다'라는 뜻이 있습니다.

Keep me updated!
소식 계속 알려줘!

    A: Your sister is in labor.
    B: Keep me updated!
    A: I will!

    A: 너의 누나가 아기를 분만 중이야.
    B: 소식 계속 알려줘!
    A: 그럴게!

    ▶ be in labor 분만 중이다

I'll keep that in mind.
명심할게.

    A: I'm going to the party tomorrow.
    B: Don't forget it's casual.
    A: I'll keep that in mind.

    A: 나 내일 파티에 갈 예정이야.
    B: 격식 차리지 않는 편한 파티라는 거 잊지 마.
    A: 명심할게.

    ▶ keep *something* in mind는 '무엇을 마음에 계속 가지고 있다', 즉 '명심하다'라는 의미의 표현입니다.

know

알다 know는 청문회 등에서 정치인들이 제일 많이 쓰는 단어 중 하나입니다. 앵무새처럼 되뇌는 I don't know about it(저는 그것에 관해 모릅니다)이나 I don't know anything about it(그것에 관해 아는 바가 없습니다).를 듣고 있노라면 "대체 댁들이 아는 건 뭐유?"라고 묻고 싶어지죠.

How did you know that?
그건 어떻게 알았어?

    A: How did you know that?
    B: Lisa told me.
    A: It was supposed to be a surprise.

    A: 그건 어떻게 알았어?
    B: 리사가 나한테 얘기해줬어.
    A: 원래는 깜짝 놀라게 해주려던 일이었는데.

▶ be supposed to+동사원형 ~하기로 되어 있다

Do you know where the park is?
공원이 어디에 있는지 알아?

    A: We're supposed to meet at Evergreen Park.
    B: Do you know where the park is?
    A: No, I'll call and find out.

    A: 우린 에버그린 공원에서 만나기로 했어.
    B: 공원이 어디에 있는지 알아?
    A: 몰라. 전화해서 알아볼게.

leave

떠나다, (~한 상태로) 그대로 두다 평소 미드나 영화에서 등장인물이 괴로워하면서 Leave me alone!이라고 소리치는 모습을 많이 보았을 겁니다. '날 좀 내버려둬!'라는 표현인데, 동사 leave에는 '(어떤 상태로) 그대로 두다'라는 의미가 있습니다. We should leave now(우리 지금 가야 해).처럼 '떠나다'라는 뜻으로도 많이 쓴다는 것도 기억해두세요.

I think we should leave now.
우리 이제 가야겠네요.

 A: What time is the show?
 B: It starts at 6.
 A: I think we should leave now.

  A: 공연 몇 시 시작해요?
  B: 6시에 시작해.
  A: (그럼) 우리 이제 가야겠네요.

Leave me alone!
날 좀 내버려둬!

 A: Leave me alone!
 B: I just want to talk to you.
 A: I never want to see you again!

  A: 날 좀 내버려둬!
  B: 난 단지 너랑 얘기를 하고 싶을 뿐이야.
  A: 널 다시는 보고 싶지 않다니까!

let

~하게 하다 let은 흔히 사역동사라고 알려진 동사입니다. 문법용어는 들어도 들어도 참 어렵죠? 이놈의 사역동사이니 하는 말은 일본의 영어 문법책을 번역하는 과정에서 그대로 들어온 것입니다. 오늘부터 let은 간단히 '~하게 하다'라는 뜻의 동사라는 사실만 기억하세요.

Please let me go!
제발 가게 해주세요!

> A: Please let me go!
> B: No, you're staying home tonight.
> A: I don't want to!

A: 제발 가게 해주세요!
B: 안 돼, 넌 오늘 밤엔 집에 있어야 해.
A: 싫나니까요!

I'll let you decide.
네가 결정해.

> A: Where should we go for dinner tomorrow?
> B: I'll let you decide.
> A: Let's try that new restaurant!

A: 내일 저녁 먹으러 어디로 가지?
B: 네가 결정해.
A: 저기 새로 생긴 식당에 가보자!

like

좋아하다, ~같은 like를 동사로 쓰면 '~을 좋아하다'라는 의미입니다. 하지만 Like what(예를 들어 뭐)?나 Like who(예를 들어 누구)? 또는 She looks like her father(그녀는 자기 아빠를 닮았어).처럼 '(예를 들어) ~같은', '~와 비슷한'이라는 의미의 전치사로 쓸 때도 잦습니다.

Do you like bacon?
베이컨 좋아하세요?

   A: What would you like for breakfast?
   B: Anything's fine.
   A: Do you like bacon?

   A: 아침으로 뭘 드시겠어요?
   B: 다 좋은데요.
   A: 베이컨 좋아하세요?

Like what?
예를 들면 뭐?

   A: There are a million things I love about you!
   B: Like what?
   A: Your eyes, your sense of humor, your butt.

   A: 내가 당신을 사랑하는 이유는 수백만 개야!
   B: 예를 들면 뭐?
   A: 당신의 눈, 유머 감각, 그리고 엉덩이.

   ▶ a million things는 '다수의[무수히 많은] 것'이라는 표현입니다. butt에는 '엉덩이'라는 뜻이 있습니다. 동사로는 '(머리로) 들이박다'라는 뜻이 있죠. 그래서 butt in은 '불쑥 끼어들다'라는 표현입니다.

listen

듣다, 귀 기울이다 우리나라 사람들의 단골 질문 중 하나가 "listen과 hear는 어떻게 달라요?"입니다. 아주 간단합니다. hear는 소리가 그냥 귀에 들리는 것이고 listen은 의식적으로 집중해서 듣는 것입니다. 즉, 집에 가만히 앉아있는데 밖에서 새소리가 들리는 것은 hear입니다. 그러나 주의를 집중해서 어떤 새가 지저귀는지 들어보는 것은 listen이죠.

I can't listen anymore!
더는 못 듣겠다!

    A: I can't listen anymore!
    B: It's hurting my ears.
    A: Let's change the channel.

    A: 더는 못 듣겠다!
    B: 귀가 아파.
    A: 채널을 바꾸자.

They never listen!
말을 도무지 안 듣는다니까!

    A: The boys are playing in the street.
    B: I just told them to stay in the yard!
    A: They never listen!

    A: 애들이 길에서 놀고 있어.
    B: 마당에 있으라고 좀 전에 말했건만!
    A: 말을 도무지 안 듣는다니까!

live

살다, 거주하다 live는 동사일 때 '(어디에) 살다', '(어디에) 거주하다[지내다]'라는 뜻으로, "리ː브"라고 발음합니다. 그런데 길 가다가 LIVE CAFE라고 쓰인 간판을 많이 봤을 텐데 이때의 live는 '(연주나 방송이) 실황의'라는 뜻의 형용사입니다. 발음도 "라이브"라고 하죠. 문맥에 따라 발음과 뜻을 구분해야 합니다.

I live in an apartment.
난 아파트에서 살아.

> A: I live in an apartment.
> B: Is it little?
> A: No, it has 2 bedrooms and a lot of space.

A: 난 아파트에서 살아.
B: 작은 집이야?
A: 아니, 방이 2개고 공간이 넓어.

▶ 미국의 apartment는 처음 들어갈 때 목돈이 필요 없고 매월 집세를 내야 하는 '임대주택'으로 대도시를 제외하고는 낮은 층수의 빌딩입니다. 우리나라처럼 개인이 소유하는 아파트는 condominium이라고 합니다.   space 공간

I can't live without him!
그이 없이는 못 살아!

> A: I'm in love!
> B: Again?
> A: I'm serious. I can't live without him!

A: 난 사랑에 빠졌어!
B: 또?
A: 진짜야. 그이 없이는 못 살아!

▶ I'm serious. 진짜야. 정말이야.

look

보다, (~처럼) 보이다 '보다'라는 의미의 단어로 look, see, watch를 많이 씁니다. look은 능동적으로 어떤 대상을 '쳐다보는' 것입니다. see는 자연스럽게 시야에 어떤 대상이 들어와서 '보는' 것을 의미하고, watch는 영화나 TV, 운동 경기 등을 보는 행위입니다. look에는 '(~처럼) 보이다', '(보기에) ~한 것 같다'라는 뜻도 있습니다.

Did you look outside today?
오늘 바깥 날씨 봤어?

    A: Did you look outside today?
    B: No, why?
    A: The air is thick with yellow dust!

  A: 오늘 바깥 날씨 봤어?
  B: 아니, 왜?
  A: 공기가 황사로 뒤덮여있어!

▶ yellow dust 황사   thick 자욱한, 짙은

You look just like your mom!
넌 네 엄마를 쏙 빼닮았구나!

    A: You look just like your mom!
    B: Really?
    A: Yes, you have your mom's eyes.

  A: 넌 네 엄마를 아주 빼닮았구나!
  B: 정말요?
  A: 그래, 눈이 딱 너의 엄마 눈이야.

make

만들다 책상을 만들고, 음식을 만들고, 침대를 정리한 상태로 만들고, 심지어 서로의 관계를 만드는 것까지, 만드는 모든 행위는 동사 make로 표현할 수 있습니다. 심지어 영화 시간이나 약속 시각 등에 맞출 수가 없었다고 할 때도 couldn't make it이라고 말합니다.

Did you make that?
저거 네가 만들었어?

    A: Did you make that?
    B: No, my sister did.
    A: It's beautiful!

    A: 저거 네가 만들었어?
    B: 아니, 여동생이 만들었어.
    A: 진짜 예쁘다!

I couldn't make it.
볼 수가 없었어. / 시간 맞춰 가지 못 했어.

    A: Did you see the movie over the weekend?
    B: No, I couldn't make it.
    A: It was awesome!

    A: 주말에 그 영화 봤니?
    B: 아니, 볼 수가 없었어.
    A: 영화 진짜 좋았어!

▶ make it (탈것이나 모임 등의) 시간에 맞춰 가다, 성공하다 over (기간) ~동안, ~내내, ~에 걸쳐서 awesome 멋진, 굉장한, 훌륭한

meet

만나다 '만나다'라는 뜻을 나타내는 대표적인 동사입니다. 그런데 see도 '만나다'라는 의미로 씁니다. 하지만 미묘한 차이가 있는데, 누군가를 처음 만날 때는 meet를, 다시 만날 때는 see를 씁니다. 예를 들어, 처음 만나는 사람에게는 Nice to meet you(처음 뵙겠습니다)!라고 인사하죠. 다시 만났을 때는 Nice to see you again(또 만나서 반가워요)!라고 합니다.

I can't wait to meet her.
그녀를 어서 빨리 만나고 싶어.

A: Your friend is hot!
B: I'll introduce you two later.
A: I can't wait to meet her.

A: 네 친구 섹시한데!
B: 나중에 너희 둘 소개해줄게.
A: 어서 빨리 만나고 싶어.

▶ I cannot wait to ~는 '너무 ~하고 싶다'라는 의미의 표현입니다.

I'll meet you there at 2.
거기서 2시에 만나자.

A: Are you going to be at the mall?
B: Yeah, I heard everyone was going.
A: I'll meet you there at 2.

A: 너 쇼핑몰에 갈 거야?
B: 응, 다들 간다고 들었어.
A: 거기서 2시에 만나자.

miss

그리워하다, 놓치다, 빠트리다 미드에서 high school sweetheart라는 말을 들어본 적이 있을 것입니다. '고등학교 시절 남친 또는 여친'이라는 말이죠. 고등학교 갓 졸업하고 서로 다른 주에 있는 대학교에 가면 대학 1학년 때까지만 해도 서로 miss한다고 난리지만 2, 3학년이 되면 열에 아홉은 깨지더라고요. 아무튼, miss에는 '그리워하다'라는 뜻 외에 '빠트리다', '(버스·기차 등을) 놓치다'라는 의미도 있습니다.

I'll miss you like crazy.
네가 미치게 보고 싶을 거야.

    A: I'm leaving for college next week.
    B: I'll miss you like crazy.
    A: You can come visit anytime.

    A: 나 다음주에 대학교로 떠나.
    B: 네가 미치게 보고 싶을 거야.
    A: 아무 때나 와.

    ▶ like crazy 몹시, 맹렬히

Is there anything I missed?
제가 놓치거나 빼먹은 게 있나요?

    A: Good job on the project.
    B: Is there anything I missed?
    A: Not at all. It looks like you covered all the bases.

    A: 프로젝트를 잘했어요.
    B: 제가 놓치거나 빼먹은 게 있나요?
    A: 전혀요. 가장 기본적인 내용까지 전부 잘 다룬 것 같아요.

    ▶ cover ~을 포함하다, ~을 다루다 bases 토대, 기초

move

움직이다, 옮기다 동사 move를 쓰는 상황은 보통 두 가지입니다. 하나는 '움직이다'나 '옮기다'라고 움직임을 나타낼 때입니다. 예를 들어, Move it over there(그것을 저쪽으로 옮겨라).처럼 말이죠. 다른 한 경우는 '이사를 들어오고 나가다'라는 상황에 씁니다. move in(이사 들어오다), move out(이사 나가다)이라는 표현을 외워두는 게 좋습니다.

Can you move over a bit?
조금만 비켜주시겠어요?

    A: Can I sit by you?
    B: Sure. Do you need more room?
    A: Yes. Can you move over a bit?

    A: 옆에 앉아도 될까요?
    B: 네, 자리가 더 필요하신가요?
    A: 네, 조금만 비켜주시겠어요?

    ▶ move over 비키다, 옆으로 조금 움직이다, 자리를 양보하다   a bit 조금, 약간   room 공간, 자리

I'll move in tomorrow.
내일 이사 들어오려고.

    A: When are you moving your stuff in?
    B: I'll move in tomorrow.
    A: I'll be home to help you.

    A: 너 짐 언제 가지고 들어올 거야?
    B: 내일 이사 들어오려고.
    A: 너 도와주게 내일 집에 있어야겠다.

    ▶ stuff 짐, 물건

open
열다, 열려 있는, 솔직한

Open the door(문 열어)!에서처럼 open을 동사로 쓸 때는 주로 '열다'의 의미로 씁니다. 하지만 open을 '(문이나 마음이) 열린', '솔직한' 등의 뜻을 가진 형용사로 쓸 수도 있습니다. 남의 생각이나 관점, 다름을 열린 마음으로 잘 받아들이는 사람을 가리키는 open-minded person도 알아두면 요긴합니다.

When do you open?
몇 시부터 영업해요? / 언제 (가게) 문을 여세요?

    A: Are you open yet?
    B: No, not yet.
    A: When do you open?

        A: 가게 문 여신 거예요?
        B: 아니, 아직요.
        A: 몇 시부터 영업하세요?

She wasn't very open.
그녀가 아주 솔직하진 않더라.

    A: She wasn't very open.
    B: What did you ask her about?
    A: I asked if she was seeing anyone.

        A: 그녀가 아주 솔직하진 않더라.
        B: 뭘 물어봤는데?
        A: 누구 만나는 사람 있는가를 물어봤지.

pass

통과시키다, 통과하다, 지나가다, 건네주다, (시험에) 합격하다 미국 유학 초기에 한번은 수업시간에 돌아가며 자기 의견을 말해야 했습니다. 제 차례가 왔을 때 전 당당하게 큰소리로 외쳤죠. "패스(Pass)!" 그때 교수님의 표정이란…. 아무튼, 물건을 건네주고, 장소를 지나가고, 뭔가를 건너뛰고, 시험에 합격하고, 수업에 낙제하지 않는 등, 그 모든 것을 말할 때 pass를 씁니다.

I'll pass.
전 됐어요. / 전 패스할게요.

    A: Would you like to go out for dinner tonight?
    B: I'll pass.
    A: How about tomorrow night?

    A: 오늘 저녁 밖에서 식사하시겠어요?
    B: 전 됐어요.
    A: 내일 밤은요?

Did you pass biology class?
생물 시험 통과했어?

    A: I got my report card.
    B: Did you pass biology class?
    A: I scraped by with a C.

    A: 성적표를 받았어.
    B: 생물 시험 통과했어?
    A: C 학점으로 간신히 통과했어.

▶ scrape by (시험 등을) 간신히 통과하다, (학교를) 간신히 졸업하다

pay

(돈을) 내다, 지급하다 영어로 대화할 때 pay를 쓰면 열에 아홉은 '(돈을) 지급하다[내다]'라는 의미입니다. '죗값을 치르다' 같은 표현도 pay for someone's crime이라고 해서 pay를 씁니다.

She should pay half.
그 여자도 반은 내야지.

    A: Do I have to pay the whole thing?
    B: She should pay half.
    A: I think so, too!

    A: 내가 돈을 다 내야 해?
    B: 그 여자도 반은 내야지.
    A: 나도 그렇게 생각해!

Don't pay him.
그 사람에게 돈 지급하지 마.

    A: Did he finish painting your house?
    B: No, but he sent the bill.
    A: Don't pay him.

    A: 그 사람이 너희 집 페인트칠 끝냈니?
    B: 아직, 근데 내게 청구서를 보냈더라고.
    A: 그 사람에게 돈 지급하지 마.

play

놀다 play는 단순히 '놀다'라는 뜻 외에 축구나 테니스 같은 '(운동경기를) 하다', '(악기를) 켜다'라는 의미를 지니고 있습니다. 밑의 예문에 나오는 play hooky는 '수업을 빼먹다', '땡땡이치다'라는 의미의 숙어입니다.

Let's play outside.
밖에서 놀자.

A: Look at all the snow out there!
B: Let's play outside.
A: I'll get my coat and gloves.

A: 밖에 저 눈 좀 봐!
B: 밖에서 놀자.
A: 코트랑 장갑을 가지고 올게.

I've never played hooky.
난 지금껏 땡땡이쳐본 적 없는데.

A: We should call in sick to work today.
B: I've never played hooky.
A: There's a first time for everything!

A: 오늘 회사엔 아파서 못 간다고 하는 게 좋겠어.
B: 난 지금껏 땡땡이쳐본 적 없는데.
A: 뭐든 처음이라는 게 있는 법이지!

▶ call in sick 아파서 결근한다고 전화하다

pick

뽑다, 선택하다 픽업아티스트(pickup artist)라는 직업이 있습니다. 언뜻 들어서는 길거리 캐스팅을 전문으로 하는 연예 기획사 직원 같은 느낌이죠? 하지만 순진한 여성들이여, 속지 마십시오! 이것은 (원나잇을 목표로) 이성을 꼬시는 현란한 연애 기술을 전수해주는 사람을 말합니다. 저 단어에서도 느끼겠지만, pick에는 '선택하다', '줍다', '뽑다'라는 의미가 있습니다.

I can't pick.
고를 수가 없어요.

    A: Which one do you want to buy?
    B: I can't pick.
    A: They're all so pretty!

    A: 뭘로 살래?
    B: 고를 수가 없어.
    A: 모두 다 진짜 이쁘다!

Pick up some milk at the store.
가게에서 우유 좀 사와요.

    A: Are you stopping anywhere after work?
    B: The grocery store. Why?
    A: Pick up some milk at the store.

    A: 일 끝나고 어디 들렀다 올 거예요?
    B: 식료품 가게에. 왜?
    A: (그렇다면) 가게에서 우유 좀 사와요.

    ▶ pick up 사다   grocery store 식료품점, 슈퍼마켓

pretty
예쁜, 꽤, 매우

pretty는 딱 두 가지 뜻만 기억하면 됩니다. pretty face(예쁜 얼굴)처럼 형용사일 때의 '예쁜'이라는 뜻과 pretty good(매우 좋은)처럼 부사일 때 '아주', '꽤'라는 뜻입니다.

Do I look pretty?
나 예뻐?

> A: Do you like my dress?
> B: It looks nice.
> A: Do I look pretty?
>
> A: 내 드레스 마음에 들어?
> B: 좋은데.
> A: 나 예뻐?

It was pretty bad.
완전 꽝이었지.

> A: We had pizza for dinner.
> B: How was it?
> A: It was pretty bad.
>
> A: 우린 저녁에 피자를 먹었어.
> B: 어땠어?
> A: 완전 꽝이었지.

pull

당기다 건물 문에 붙어 있는 Pull(잡아당기세요)을 보면서도 망설임 없이 Push(미세요)하는 사람이 참 많더라고요. pull을 보면 일단 "당기고" 봅시다. '잡아당기다'라는 뜻 외에도, 차를 길가에 댈 때도 pull을 쓰는데 이때는 꼭 over와 같이 써야 합니다.

Did you push it or pull it?
밀어서 뺀 거야 아니면 잡아당겨서 뺀 거야?

    A: My car got stuck, but I got it out!
    B: Did you push it or pull it?
    A: We had to push it out of the snow.

    A: 내 차가 빠져서 꼼짝 못 했는데, 어떻게 잘 빼냈지!
    B: 밀어서 뺀 거야 아니면 잡아당겨서 뺀 거야?
    A: 밀어서 눈 밖으로 빼내야 했어.

    ▶ get stuck 꼼짝 못 하게 되다

You need to pull over.
너 차를 길가에 대야 할 것 같아.

    A: There's a cop behind us!
    B: There is?
    A: You need to pull over.

    A: 우리 뒤에 경찰이 있어!
    B: 그래?
    A: 너 차를 길가에 대야 할 것 같아.

    ▶ pull over 차를 길가에 대다, 길 한쪽에 세우다   cop 경찰(관)   behind 뒤쪽에

put

(내려)놓다, 두다 전화기를 내려놓거나 컵을 내려놓는 등 뭔가를 내려놓을 때 쓰는 동사가 바로 put입니다. Put him on the phone.을 직역하면 '그를 전화기에 앞에 둬[내려놔]'라는 건데, 즉 '그와 통화하게 전화 바꿔줘'라는 아주 영어다운 표현이죠.

I'll put this outside.
이거 내가 밖에 내놓을게.

> A: What is this smell?
> B: I think it's my gym bag.
> A: I'll put this outside.

A: 이 냄새가 뭐지?
B: 내 운동 가방에서 나는 것 같은데.
A: 이거 내가 밖에 내놓을게.

▶ gym bag 운동 가방(운동할 때 쓰는 옷이나 도구를 넣어 가지고 다니는 가방)

Put him on the phone!
걔 좀 바꿔봐!

> A: Is your brother there?
> B: Yes.
> A: Put him on the phone!

A: 네 형 거기 있니?
B: 예.
A: 걔 좀 바꿔봐!

run

달리다, 뛰다, 출마하다 run에 '달리다'라는 뜻이 있다는 것을 모르는 사람은 없을 것입니다. 하지만 이 단어에는 '(선거에) 출마하다'라는 의미도 있습니다. run은 발음이 중요하죠. [l]과 [r]발음을 명확하게 구별해서 내는 사람은 많지 않습니다. "런"이 아니라 조금 더 버터 바른 발음으로 "뤈"에 가깝게 발음해봅시다.

Don't run so fast!
그렇게 빨리 뛰지 마!

A: Don't run so fast!
B: We need to hurry!
A: I can't keep up.

A: 그렇게 빨리 뛰지 마!
B: 우린 서둘러야 해!
A: 내가 못 따라가겠어.

▶ keep up 뒤떨어지지 않게 따라가다

Can we run together?
우리 함께 출마할까요?

A: I'm running for President.
B: I'm running for Vice President.
A: Can we run together?

A: 전 회장에 출마합니다.
B: 전 부회장에 출마합니다.
A: 우리 함께 출마할까요?

▶ run for ~에 출마하다   president 대통령, 회장   vice president 부통령, 부회장

see

보다, 만나다 see는 I saw a boy crossing the street(한 소년이 길을 건너는 것을 보았다.)처럼 시야에 들어온 것을 막연히 볼 때 씁니다. 또한 See you(다음에 보자)!처럼 만남을 기약할 때 쓰기도 하죠. 또 see에는 '(연인으로) 만나다'라는 뜻도 있습니다. see someone은 '누구와 사귀다'라는 표현입니다.

I'll see you there!
거기서 봐!

    A: Are you going to the party tonight?
    B: Yes, but I'll be a little late.
    A: I'll see you there!

A: 오늘 밤에 파티에 갈 거야?
B: 응, 근데 조금 늦을 거야.
A: 거기서 봐!

▶ a little 약간

We're seeing each other.
우린 사귀고 있어.

    A: We're seeing each other.
    B: Congratulations! How long have you been together?
    A: Almost two months.

A: 우린 사귀고 있어.
B: 축하해! 사귄 지 얼마나 됐어?
A: 두 달이 다 되어가.

send

보내다 편지나 물건, 사람 등을 보낼 때 동사 send를 씁니다.
이미 보냈으면 I sent로, 앞으로 보낼 거면 I'll send로 쓰죠.

What did you send?
뭘 보냈는데?

    A: I mailed my grandma a gift.
    B: What did you send?
    A: I sent her a new sweater.

    A: 할머니에게 선물을 부쳤어.
    B: 뭘 보냈는데?
    A: 새 스웨터를 보냈지.

    ▶ mail (우편으로) 보내다

I'll send her roses.
(그녀에게) 장미꽃을 보내주려고.

    A: It's Valentine's Day.
    B: Did you get anything for your wife?
    A: I'll send her roses.

    A: 밸런타인데이네.
    B: 와이프에게 줄 거 샀어?
    A: 장미꽃을 보내주려고.

show

보이다, 보여주다 show는 이제 우리 생활에 완전히 녹아든 단어입니다. Show time!이라는 말 많이 들어보셨죠? 또 톰 크루즈가 나온 영화의 명대사 Show me the money(돈을 보여달라니까)!는 래퍼뿐 아니라 일반 사람들도 많이 사용하는 말이 되었습니다.

Show me how.
어떻게 하는지 보여줘.

    A: Do you know how to tie a bow?
    B: Yes!
    A: Show me how.

A: 나비 매듭을 어떻게 만드는지 알아?
B: 물론이지!
A: 어떻게 하는지 보여줘.

▶ tie a bow 나비 매듭을 만들다

I'll show you!
너한테 보여줄게!

    A: It's really easy to change the ink in this printer.
    B: I didn't see how you did that.
    A: I'll show you!

A: 이 프린터기의 잉크 바꾸는 일은 누워서 떡 먹기야.
B: 네가 어떻게 바꿨는지 못 봤어.
A: 너한테 보여줄게!

리얼 키워드

shut

닫다 보통 '문을 닫다'라고 할 때 close the door라고 많이 하지만, 미국인들은 shut the door이라는 표현도 많이 씁니다. 큰 차이는 없는데, 잔뜩 화가 나서 Shut the door!라고 말하면 그냥 문을 닫으라가 아니라 '문 닫지 못해!'라는 식의 거친 뉘앙스를 띄게 됩니다. shut이 들어간 말 중 가장 유명한 거, 다 알죠? 네, "닥쳐!"의 Shut up!입니다.

Shut the door!
문 닫아!

A: Your music is really loud!
B: I'm not turning it down!
A: Shut the door!

A: 음악 소리가 너무 시끄러워!
B: 소리 절대 안 줄일 거야!
A: 문 닫아!

▶ loud 시끄러운, 큰 소리로 turn down (소리를) 줄이다, (난방을) 약하게 하다

Shut up!
입 닥쳐!

A: You're a loser!
B: Shut up!
A: Make me.

A: 넌 머저리야!
B: 입 닥쳐!
A: 어디 할 수 있으면 해보시지.

▶ '패배자'란 뜻의 loser(루저)는 상대에게 얻어터질 것을 각오한 게 아니라면 안 쓰는 게 좋습니다.

sorry

안타까운, 유감스러운, 미안한 엘튼 존의 노래 중 "Sorry Seems to Be the Hardest Word"라는 노래가 있습니다. 우리말로는 "미안하다는 말은 가장 어려운 말이죠"로, sorry는 보통 미안한 감정을 표현할 때 쓰는 단어입니다. 하지만 밑의 예문처럼 You'll be sorry!라고 하면 약간의 협박성 표현입니다. '(너 그런 식으로 하면) 분명 후회할 거야!' 정도의 뉘앙스죠.

You'll be sorry!
너 후회할 거야!

A: Are you sure you don't want to go out with me?
B: I'm positive!
A: You'll be sorry!

A: 너 나랑 데이트하고 싶지 않은 거 확실하지?
B: 확실해!
A: 너 후회할 거야!

▶ positive 확신하는, 의문의 여지 없는

I said I'm sorry!
미안하다고 했잖아!

A: I'm still mad at you.
B: I said I'm sorry!
A: That's not good enough!

A: 난 아직도 너한테 화가 나.
B: 미안하다고 했잖아!
A: 그걸로 충분하지 않아!

▶ mad at ~에게 몹시 화가 난

리얼 키워드 **69**

speak

말하다 speak은 '말하다'라는 뜻의 단어 중 하나로 흔히 공식적인 자리에서는 speak을 쓰고 비공식적으로는 say를 쓴다고 하는데, 꼭 그렇지도 않습니다. May I speak to Jim(짐과 통화할 수 있을까요)?처럼 일상적인 상황에서도 speak을 씁니다. I can speak English(난 영어를 말할 수 있어요).처럼 '언어를 사용해서 말하다'라고 할 때도 speak을 쓰죠.

Speak clearly.
또렷하게 말해.

    A: Any advice before my presentation?
    B: Speak clearly.
    A: Anything else?

    A: 내 발표에 앞서 해줄 조언 있어?
    B: 또렷하게 말해.
    A: 다른 건?

Don't speak to her that way.
엄마에게 그런 식으로 말하지 마라.

    A: Are you talking back to your mother?
    B: Yes.
    A: Don't speak to her that way.

    A: 너 엄마한테 말대꾸하는 거니?
    B: 네.
    A: 엄마에게 그런 식으로 말하지 마라.

    ▶ talk back 말대답을 하다

start

시작하다 start와 begin은 모두 무엇인가를 '시작하다'라는 의미로, 큰 구분 없이 쓰는 경우가 많습니다. 하지만 굳이 차이를 설명하자면, 전에 없던 새로운 일을 시작할 때 start를 많이 씁니다. start는 어떤 일이 처음 발생한 상황 자체에 초점이 맞추어져 있습니다.

Don't start without me!

나 빼놓고 시작하기 없기!

A: Don't start without me!
B: You'd better not be late.
A: I'll try to be there on time.

A: 나 빼놓고 시작하기 없기!
B: 늦지 않는 게 좋을 거야.
A: 시간 맞춰 갈 수 있게 노력할게.

▶ You'd better not ~은 '~하지 않는 게 좋을 거야'라는 의미의 표현입니다.
on time 제때에, 정각에

Let's start over.

처음부터 다시 시작하자.

A: I think we got off to a bad start.
B: Let's start over.
A: Good idea!

A: 우리가 첫 단추를 잘못 낀 것 같아.
B: 처음부터 다시 시작하자.
A: 그게 좋겠다!

▶ start over 처음부터 다시 시작하다   get off to a bad start 출발이 나쁘다

step

걸음, 계단, 단계, 걸음을 내디디다

옛날에 "Step by Step"이라고 전 세계적으로 히트 친 노래가 있습니다. 꽃미남 아이돌 그룹의 효시라고 할 수 있는 전설의 보이 그룹 뉴 키즈 온 더 블록이 부른 노래였죠. step by step은 '한 걸음씩', '단계적인'이라는 표현인데, step은 명사로 '계단', '걸음', '단계'라는 의미가 있습니다. 동사일 때는 '걸음을 내디디다[옮기다]', '(춤) 스텝을 밟다' 등의 의미입니다.

Watch your step.
걸음 조심해. / 계단 조심해.

    A: Watch your step.
    B: I didn't see that step there!
    A: A lot of people trip on it.

    A: 걸음 조심해.
    B: 거기 계단을 못 봤어!
    A: 많은 사람이 거기서 발을 헛디디더라고.

    ▶ trip on ~에 발을 헛디디다, ~에 발이 걸려 넘어지다

Step inside my office.
제 사무실로 들어오세요.

    A: Step inside my office.
    B: What's this about?
    A: We need to talk about the project.

    A: 제 사무실로 들어오세요.
    B: 무슨 일이시죠?
    A: 프로젝트에 관해서 얘기를 좀 해야 돼요.

    ▶ step inside (잠시) 들어가다, 들르다

stop
멈추다, 그만두다

어떤 행동을 중단하고, 멈추는 것이 바로 stop입니다. 학교 다닐 때 죽어라 stop+동사ing(~하는 것을 그만두다)를 외운 기억이 있네요. 딱딱한 문법에 매여 재미없게 영어를 공부하던 지난날을 돌이켜보면 시간이 아깝습니다.

Stop at the red light.
빨간 불에서 멈춰.

    A: Stop at the red light.
    B: I know that.
    A: I didn't know if you saw the light change.

A: 빨간 불에서 멈춰.
B: 나도 그건 알아요.
A. 신호등 불이 바뀐 걸 당신이 제대로 봤는지 몰라서.

▶ if ~인지 어떤지

Stop bothering me!
그만 좀 귀찮게 해!

    A: I'm trying to watch the news.
    B: But I need to talk to you.
    A: Stop bothering me!

A: 나 뉴스 좀 볼게.
B: 하지만 당신과 할 얘기가 있어요.
A: 그만 좀 귀찮게 해!

take

잡다, 가지고 가다, 시간이 걸리다, (약을) 먹다

'잡다'나 '가지고 가다' 외에 take a picture(사진을 찍다), take someone to the airport(누군가를 공항까지 데려다주다) 등 take는 정말 많은 의미로 쓸 수 있는 만능단어입니다. take로 표현할 수 있는 것은 끝도 없지만, 여기서는 '시간이 걸리다'와 '(약 등을) 먹다'라는 뜻으로 사용된 예문을 배워봅시다.

It takes a long time to do the work.
그 일을 하는 데 시간이 오래 걸리네.

A: I'm feeling really tired.
B: It takes a long time to do the work.
A: Do we really need to get this done by tomorrow morning?

A: 정말 피곤해.
B: 그 일을 하는 데 시간이 오래 걸리네.
A: 이 일을 내일 아침까지 꼭 끝내야 해?

I'm gonna take cold medicine.
감기약을 먹어야겠어.

A: I feel chilly.
B: Looks like you're catching a cold.
A: I'm gonna take cold medicine.

A: 몸이 으스스해.
B: 너 감기에 걸린 것 같다.
A: 감기약을 먹어야겠어.

▶ chilly 쌀쌀한, 으스스한 cold medicine 감기약

talk

말하다 talk, tell, speak, say는 모두 '말하다'라는 의미를 지닙니다. 각 단어의 차이를 설명하려면 끝이 없습니다. 그냥 일상적인 '말하다'라는 뜻이면서 뒤에 목적어를 쓰지 않는 동사가 talk라는 것만 알아두세요.

I can't talk right now.
지금 통화하기 힘들어. / 지금 말하기 힘들어.

    A: I can't talk right now.
    B: Why not?
    A: I'm at work!

    A: 지금 통화하기 힘들어.
    B: 왜?
    A: 근무 중이라고!

They could talk forever!
쟤들은 영원히 떠들 것 같아.

    A: They've been on the phone for a long time.
    B: They could talk forever!
    A: I wonder what they're talking about.

    A: 쟤들 통화 정말 길게 한다.
    B: 쟤들은 영원히 떠들 것 같아.
    A: 도대체 무슨 얘기를 나누는 건지….

▶ 가정하는 상황이므로 can talk가 아니라 could talk를 씁니다. be on the phone 통화 중이다

리얼 키워드

text

문자를 보내다, 본문, 글   휴대폰으로 보내는 '문자'를
text message라고 합니다. text를 동사로 쓰면 '문자를 보내다'라는 뜻으로,
Text me when you get there(거기 도착하면 내게 문자 보내줘).처럼 쓰면
됩니다. text가 명사일 때는 '본문', '글'이라는 의미가 있습니다.

Can I send you a text message?
문자를 보내도 될까요?

> A: Call me when you get to school.
> B: Can I send you a text message?
> A: No, I want you to call me.
>
> A: 학교에 도착하면 전화해라.
> B: 문자를 보내도 될까요?
> A: 안 돼, 전화해.

There are many errors in the text.
글에 잘못된 곳이 많더군요.

> A: Why did I get such a bad grade?
> B: There are many errors in the text.
> A: Can you show me where?
>
> A: 제 점수가 왜 그리 낮은가요?
> B: 글에 잘못된 곳이 많더군요.
> A: 어디가 그렇다는 거죠?
>
> ▶ error 오류, 실수

think

생각하다 일반적으로 '~을 생각하다'라고 할 때 think를 씁니다. consider는 think보다 더 무게감이 있는 동사로 '고려하다', '~라고 여기다'라는 의미가 있습니다. 시도 때도 없이 consider를 쓰면 굉장히 웃긴 사람으로 찍힙니다.

I think it's cold in here.
이 안은 추운 것 같아.

> A: I think it's cold in here.
> B: I turned the heat up.
> A: I'm still freezing!

A: 이 안은 추운 것 같아.
B: 히터를 틀었는데.
A. 일어 죽을 껏 같다고!

▶ turn up (밸브 등을 틀어) 세게 하다, (TV 등의) 소리를 높이다, (조명을) 밝게 하다
freezing 몹시 추운, 얼어붙은

I think he's sleeping with someone else.
그이가 다른 사람이랑 잠자리를 갖는 것 같아.

> A: He had lipstick on his shirt.
> B: What are you saying?
> A: I think he's sleeping with someone else.

A: 그 사람 셔츠에 립스틱이 묻어 있었어.
B: 그게 무슨 말이야?
A: 그이가 다른 사람이랑 잠자리를 갖는 것 같아.

try

시도하다, 노력하다, ~하려고 하다, 시도

될지 안 될지 모르나 '시도해보다', '도전해보다'라고 할 때 try를 씁니다.
"한번 해봐!"라고 할 때 짧게 Hey, try!라고 말해보세요.

I'm trying to lose weight.
살을 빼려고 노력 중이야.

    A: Why do you skip lunch these days?
    B: I'm trying to lose weight.
    A: Oh, I see. Summer is just around the corner.

A: 요즘 점심을 왜 안 먹어?
B: 살을 빼려고 노력 중이야.
A: 아, 그렇군. 여름이 바로 코앞이네.

▶ lose weight 살을 빼다 skip 거르다, 건너뛰다, 빼먹다 around the corner 임박하여, 바로 가까이에

Let's give it a try.
한번 먹어봅시다. / 한번 해봅시다.

    A: Do you like sushi?
    B: I've never had it before.
    A: Me, neither. Let's give it a try.

A: 초밥 좋아하세요?
B: 한 번도 먹어본 적이 없습니다.
A: 저도 그런데요, 한번 먹어봅시다.

▶ neither (부정문 뒤에서 부정문을 만들어) ~도 또한 …아니다

turn

돌리다, 바꾸다 "돌리고, 돌리고~" 차를 운전하다가 오른편이나 왼편으로 방향을 돌리거나 바꿀 때 turn을 씁니다. '(책 페이지를) 넘기다', '(어떤 상태로) 만들다'라는 뜻도 있는데, 명사로는 '회전', '방향전환', '순번', '차례'라는 의미가 있습니다.

Turn left up here.
여기 위에서 좌회전해.

A: I'm pretty sure we're lost.
B: I know where we are.
A: Oh, I saw the sign. Turn left up here.

A: 우리가 길을 잃은 게 분명해.
B: 난 우리가 어디에 있는지 알아.
A: 아, 내가 표지판을 봤어. 여기 위에서 좌회전해.

Turn right on Oak Street.
오크 거리에서 우회전해.

A: Are you coming over later?
B: Yes. How can I get to your place?
A: Turn right on Oak Street and then call me.

A: 이따가 올 거야?
B: 응, 너의 집에 어떻게 가지?
A: 오크 거리에서 우회전한 다음 나한테 전화해.

▶ place를 '장소'로만 많이 알고 있는데, 미국인들은 '집'을 말할 때도 place를 자주 씁니다. '우리 집'은 my place, '너의 집'은 your place.

wait

기다리다 나만 놔두고 매정하게 점심 먹으러 가는 친구의 등 뒤에다 절박하게 Wait(기다려)!이라고 외쳐보세요. 보통 wait for+사람(~을 기다리다) 형태로 많이 씁니다.

Did you wait long?
오래 기다렸어요?

> A: I'm sorry I'm late!
> B: It's no problem.
> A: Did you wait long?
>
> A: 늦어서 미안해요!
> B: 괜찮아요.
> A: 오래 기다렸어요?

▶ no problem 괜찮습니다, 천만에요, 문제없어요, 물론이죠

Wait for me!
날 좀 기다려줘!

> A: Wait for me!
> B: Hurry up!
> A: I'm walking as fast as I can.
>
> A: 날 좀 기다려줘!
> B: 서둘러!
> A: 나도 최대한 빨리 걷고 있어.

▶ as+형용사[부사]+as+주어+can 가능한 ~하게

want

원하다, 바라다 무엇인가를 원하고, 바라고, 희망할 때 쓰는 동사로는 want, hope, wish가 있습니다. 그런데 이 동사들은 상황에 따라 쓰임새가 좀 다릅니다. I want to drink something(뭐 좀 마시고 싶어).처럼 지금 당장 하고 싶은 일이나 욕구를 표현할 때 want를 씁니다. 그리고 가능성이 있어서 기대할 만할 때는 hope, 이루어질 가능성이 거의 희박해서 막연히 '그랬으면 좋겠다'라고 생각할 때 wish를 사용합니다.

I want a hamburger for dinner.
난 저녁으로 햄버거 먹고 싶은데.

    A: Any ideas for dinner?
    B: I want a hamburger for dinner.
    A: I'll get them started!

       A: 저녁 먹고 싶은 거 있어?
       B: 난 저녁으로 햄버거 먹고 싶은데.
       A: 그걸로 준비할게!

I want you to come here.
당신이 여기로 와주면 좋겠어요.

    A: I want you to come here.
    B: I can't leave work.
    A: Tell them you're sick!

       A: 당신이 여기로 와주면 좋겠어요.
       B: 근무 중엔 떠날 수가 없어.
       A: 아프다고 해요!

work

일하다, 일, 직장 동사로는 '일하다', 그리고 명사로는 '일', '직장'을 가리키는 work. 이미 다들 그 뜻을 알고 있으리라 확신합니다. 이 work를 밑의 예문을 통해서 익혀보기 바랍니다.

I work nights.
난 야간에 일해.

    A: What's your work schedule?
    B: I work nights.
    A: That has to be hard!

    A: 근무 일정이 어떻게 돼?
    B: 난 야간에 일해.
    A: 힘들겠다!

    ▶ work nights 야근하다, 밤에 일하다

It was a long day at work.
회사에서 힘든 하루였어.

    A: How was work today?
    B: It was a long day at work.
    A: Did you get a lot done?

    A: 오늘 일은 어땠어요?
    B: 회사에서 힘든 하루였어.
    A: 일 많이 했어요?

    ▶ get done ~을 끝마치다

write

쓰다, 적다 예전엔 편지를 썼고(write a letter), 요즘엔 이메일을 주로 쓰죠(write an email). 강의실에서 교수님의 강의를 받아 적을(write down) 때도 동사 write를 씁니다. 그런데 요즘은 다들 스마트폰이다 뭐다 해서 직접 필기를 하는 경우가 드물어 사람들 글씨가 개발새발이라고 합니다.

Did you write this?
이거 네가 썼어?

> A: Did you write this?
> B: Yes, I did.
> A: You have beautiful handwriting.
>
> A: 이거 네가 썼어?
> B: 응, 내가 썼어.
> A: 너 필체가 정말 멋지다.
>
> ▶ handwriting 필체, 글씨

Write it down!
어디에 적어둬!

> A: I can never remember anything.
> B: Write it down!
> A: Good idea.
>
> A: 도통 뭘 기억을 못 하겠어.
> B: 어디에 적어둬!
> A: 좋은 생각이다.
>
> ▶ write down ~을 적어두다[기록하다]

● 주어진 우리말에 맞게 빈칸을 알맞게 채우세요.

I <u>totally agree with</u>¹ you.
네 말에 전적으로 동의해.

I'm going to ² <u>ask her out</u>.
난 그녀에게 데이트 신청을 하려고 해.

Mark ³ <u>is back</u>!
마크가 돌아왔어!

When is ⁴ <u>your break</u>?
쉬는 시간이 언제예요?

⁵ <u>What brought you</u> here?
여긴 어떤 일로 오셨어요?

I ⁶ <u>called you</u> last night.
나 너한테 어젯밤에 전화했는데.

Would you ⁷ <u>carry my luggage</u>?
제 짐을 날라줄래요?

Show me ⁸ <u>how to catch</u> a baseball. 야구공을 어떻게 받는지 보여줘.

정답 1. totally, agree, with   2. ask, her, out   3. is, back
　　　4. your, break   5. What, brought, you   6. called, you
　　　7. carry, my, luggage   8. how, to, catch

Do you ⁹ _____ a ten-dollar-bill? 10달러짜리 지폐를 잔돈으로 바꿔줄 수 있어요?

¹⁰ _____ my new car!
내 새 차 좀 보라고!

¹¹ _____!
문 좀 닫아!

¹² _____ that _____.
그걸 반으로 잘라줘요.

¹³ _____.
그거면 됐어요. / 그 정도면 됩니다.

Please ¹⁴ _____ this _____.
이 (지원) 서류를 작성해주세요.

Did you ¹⁵ _____ I ____?
내가 한 말 잊었어?

Didn't you ¹⁶ _____?
너 내 카드 못 받았어?

I'll ¹⁷ _____ my _____ tomorrow.
나 내일 그녀에게 선물을 줄 거야.

---

9. have, change, for 10. Check, out 11. Close, the, door
12. Cut, in, half 13. That's, enough 14. fill, in, form
15. forget, what, said 16. get, my, card 17. give, her, gift

Let's [18] ___ ___ ___ ___. 영화 보러 가자.

I had a [19] ___ ___. 정말 재미난 시간을 보냈어. / 정말 재미있었어.

Do you [20] ___ ___ ___? 개 키우세요?

[21] ___ me ___ you. 제가 도와드릴게요.

Can [22] ___ ___ this? 이것 좀 들어줄래?

Be [23] ___, it's ___! 뜨거우니까 조심해!

[24] ___ me ___! 소식 계속 알려줘!

Please [25] ___ ___ ___! 제발 가게 해주세요!

[26] ___ ___ ___? 예를 들면 뭐?

---

18. go, to, the, movies   19. great, time   20. have, a, dog
21. Let, help   22. you, hold   23. careful, hot
24. Keep, updated   25. let, me, go   26. Like, what

86

I can't ²⁷ _____ _____ !
더는 못 듣겠다!

I can't ²⁸ _____ _____ him!
그이 없이는 못 살아!

You ²⁹ _____ just _____ your mom!
넌 네 엄마를 쏙 빼닮았구나!

³⁰ _____ _____ that?
저거 네가 만들었어?

I'll ³¹ _____ you _____ 2.
거기서 2시에 만나자.

I'll ³² _____ you _____ .
네가 미치게 보고 싶을 거야.

Can you ³³ _____ _____ a bit?
조금만 비켜주시겠어요?

³⁴ _____ do you _____ ?
몇 시부터 영업해요? / 언제 (가게) 문을 여세요?

Did you ³⁵ _____ _____ class?
생물 시험 통과했어?

---

27. listen, anymore   28. live, without   29. look, like
30. Did, you, make   31. meet, there, at   32. miss, like, crazy
33. move, over   34. When, open   35. pass, biology

She should ⁣³⁶ _____.
그 여자도 반은 내야지.

³⁷ _____ some _____ at the store.
가게에서 우유 좀 사와요.

It was ³⁸ _____.
완전 꽝이었지.

I'll ³⁹ _____ this _____.
이거 내가 밖에 내놓을게.

⁴⁰ _____ so fast!
그렇게 빨리 뛰지 마!

I'll ⁴¹ _____.
(그녀에게) 장미꽃을 보내주려고.

⁴² _____!
너 후회할 거야!

Don't ⁴³ _____ her _____. 엄마에게 그런 식으로 말하지 마라.

Don't ⁴⁴ _____!
나 빼놓고 시작하기 없기!

---

36. pay, half   37. Pick, up, milk   38. pretty, bad   39. put, outside
40. Don't, run   41. send, her, roses   42. You'll, be, sorry
43. speak, to, that, way   44. start, without, me

⁴⁵ _____ _____ my office.

제 사무실로 들어오세요.

⁴⁶ _____ _____ me!

그만 좀 귀찮게 해!

There are many errors ⁴⁷ _____ _____ _____ . 글에 잘못된 곳이 많더군요.

I'm ⁴⁸ _____ _____ _____ _____ . 살을 빼려고 노력 중이야.

⁴⁹ _____ _____ up here.

여기 위에서 좌회전해.

⁵⁰ _____ _____ _____ !

날 좀 기다려줘!

It was a ⁵¹ _____ _____ _____ _____ . 회사에서 힘든 하루였어.

⁵² _____ it _____ !

어디에 적어둬!

---

45. Step, inside   46. Stop, bothering   47. in, the, text
48. trying, to, lose, weight   49. Turn, left   50. Wait, for, me
51. long, day, at, work   52. Write, down

Real English Expressions

CHAPTER 2

바꿔 쓰고 돌려 쓰는
리얼 패턴

「CHAPTER 2 바꿔 쓰고 돌려 쓰는 리얼 패턴」에서는 영어회화를 위한 필수 문장패턴 73개를 정리했습니다. 각 패턴에 제시된 2개의 리얼표현만 제대로 익혀도 영어로 유창하게 말할 수 있게 됩니다.

바꿔 쓰고 돌려 쓰는
리얼 패턴

●

모든 언어에는 그 언어를 쓰는 사람들이 공유하는 약속된 문장의 틀이 있습니다. 이것을 우리는 '문장패턴'이라고 합니다. 영어회화를 잘하기 위해서는 영어의 고정된 패턴을 알아야 합니다.
여기서는 영어회화에서 가장 많이 사용되는 73개의 문장패턴을 알아보겠습니다. 이 패턴을 바탕으로 필요한 단어를 붙이면 계속 새로운 문장을 만들어낼 수 있고, 이런 문장이 늘어나면 진정한 의사소통이 이루어집니다.
영어회화를 가능하게 하는 핵심 단어 67개와 핵심 패턴 73개를 통해 영어회화의 바다로 뛰어들어가 봅시다!

This is ~.

이쪽은[이것은/여기는] ~이야 사람을 소개할 때 지금까지 우리는 introduce라는 단어를 이용해서 참 길게도 말했습니다. 그러나 앞으로는 공식적인 자리를 제외하고는 간단히 This is ~라고 말하기 바랍니다. 물건에 대해서도 쓸 수 있고, 여기가 어디라고 장소를 말할 때도 쓸 수 있습니다.

This is my boyfriend.
이쪽은 내 남친.

　　A: Who is this?
　　B: This is my boyfriend.
　　A: It's nice to meet you.

　　A: 누구야?
　　B: 이쪽은 내 남친.
　　A: 만나서 반가워요.

This is my favorite restaurant.
여긴 제가 가장 좋아하는 식당이에요.

　　A: Do you like this place?
　　B: This is my favorite restaurant.
　　A: I really like it, too.

　　A: 여기 마음에 들어요?
　　B: 여긴 제가 가장 좋아하는 식당이에요.
　　A: 저도 그래요.

　　▶ favorite 마음에 드는, 아주 좋아하는

What's your ~?

너의 ~이 뭐니? 상대에 관해 궁금한 것을 물어볼 때 쓰는 문장패턴입니다. What's your name(네 이름이 뭐니)?은 너무 유명한 표현이죠. What's your favorite song(네가 가장 좋아하는 노래가 뭐야)? 같은 표현도 외워두면 알차게 써먹을 수 있습니다.

What's your dream car?
네가 정말 갖고 싶은 차는 뭐야?

    A: What's your dream car?
    B: Porsche 911.
    A: Wow! I didn't know that.

    A: 네가 정말 갖고 싶은 차는 뭐야?
    B: 포르쉐 911.
    A: 와! 그건 몰랐네.

    ▶ dream car나 dream house처럼 명사 앞에 쓰인 dream은 '이상적인', '꿈의', '정말 바라고 꿈꾸는'이라는 뜻입니다.

What's your favorite color?
네가 가장 좋아하는 색깔이 뭐야?

    A: What's your favorite color?
    B: Blue. How about you?
    A: Pink.

    A: 네가 가장 좋아하는 색깔이 뭐야?
    B: 푸른색. 넌?
    A: 난 핑크.

Are you ~?

넌 ~이니? 영어로 말할 때 가장 많이 쓰는 세 개의 문장패턴이 있습니다. It is ~와 I am ~, 그리고 Are you ~?입니다. It is ~는 '그건 ~이야'라는 표현이고, I am ~은 나에 관해 이야기하는 것입니다. Are you ~?는 상대방에 관해 물어볼 때 쓰는 패턴으로 가령 '학생이세요?'는 Are you a student?, '괜찮으세요?'는 Are you okay?라고 물으면 됩니다.

Are you okay with this?
너 (이 문제에 관해서) 괜찮아?

    A: He broke up with me.
    B: What a bastard! Are you okay with this?
    A: I don't have a choice.

    A: 나 걔랑 깨졌어.
    B: 나쁜 놈 같으니라고! 너 괜찮아?
    A: 선택의 여지가 없잖아.

▶ break up with ~와 헤어지다 bastard 나쁜 놈[녀석] choice 선택

Are you feeling better now?
이제 컨디션[기분]이 나아졌어?

    A: Are you feeling better now?
    B: No, not really.
    A: You should go back to bed.

    A: 이제 컨디션이 나아졌어?
    B: 아니.
    A: 너 잠 좀 더 자야겠다.

▶ go to bed 자다, 잠자리에 들다

There are ~.

~이 있어 우리말과 다른 영어 표현으로 제가 주저 없이 꼽는 것 중 하나가 There is[are] ~입니다. 가령, 우리말로는 '교실에 아이가 15명 있다'라고 하는데, 영어는 보통 there라는 단어로 문장을 시작해서 There are 15 kids in the classroom.이라고 하죠. 복수의 '~이 있다'는 There are ~로, 단수의 '~이 있다'는 There is ~로 씁니다.

There are 15 students in the class.
15명의 학생이 수업에 들어와요.

A: Did a lot of people sign up for the class?
B: There are 15 students in the class.
A: That's pretty good!

A: 많은 학생이 수강 신청했어요?
B: 15명의 학생이 수업에 들어와요.
A: (그 정도면) 괜찮은데요!

▶ sign up (for) 신청하다, 등록하다

There are so many reasons I love her.
내가 그 여자를 사랑하는 데는 아주 많은 이유가 있지.

A: There are so many reasons I love her.
B: Like what?
A: She's beautiful, funny, smart and rich.

A: 내가 그 여자를 사랑하는 데는 아주 많은 이유가 있지.
B: 어떤 이유인데?
A: 예쁘지, 재미있지, 똑똑한 데다 돈도 많아.

Are there any ~?

~이 있니? '(복수의) ~이 있다'라는 의미의 There are ~을 의문문으로 바꾼 문장패턴입니다. any가 들어가면서 혹시 뭐라도 하나 있는지 묻는 표현이 됩니다.

Are there any plans for this weekend?
이번 주말에 무슨 계획 있니?

    A: Are there any plans for this weekend?
    B: Mike mentioned getting everyone together for a movie.
    A: That sounds like fun.

A: 이번 주말에 무슨 계획 있니?
B: 마이크가 다 같이 영화 보자고 하던데.
A: 재미있겠다.

▶ mention 말하다, 언급하다   get together 만나다, 모으다

Are there any beers in the refrigerator?
냉장고에 맥주 있어?

    A: I need a drink.
    B: Help yourself to anything.
    A: Are there any beers in the refrigerator?

A: 뭘 좀 마셔야겠다.
B: 뭐든지 맘껏 마셔.
A: 냉장고에 맥주 있어?

▶ Help yourself (to anything). (뭐든지) 마음껏 드세요.

I need to ~.

나는 ~을 해야 해 '~하는 것이 필요하다'라고 할 때 동사 need를 씁니다. need는 뭔가를 하지 않으면 안 되는, 약간의 강제성이 있는 상황에서 쓰는 단어입니다. 이 패턴은 I have to ~와 바꿔 쓸 수 있습니다. You need to ~는 '넌 ~해야 한다'라는 의미로, 이것도 많이 사용되는 문장패턴입니다.

I need to finish this project tonight.
오늘 밤에 이 프로젝트를 마쳐야 하거든.

   A: I can't go out tonight.
   B: Why not?
   A: I need to finish this project tonight.

     A: 오늘 밤에 놀러 못 나가.
     B: 왜 안 되는데?
     A: 오늘 밤에 이 프로젝트를 마쳐야 하거든.

I need to start exercising more.
운동을 더 해야겠어.

   A: I'm gaining weight.
   B: Have you thought about dieting?
   A: I need to start exercising more.

     A: 나 살쪘어.
     B: 다이어트 생각해봤어?
     A: 운동을 더 해야겠어.

▶ gain weight 살이 찌다, 체중이 늘다

I have to ~.

나 ~을 해야 해 내가 무엇을 해야 할 때는 I have to ~를, '네가' 무엇을 해야 할 때는 You have to ~를 씁니다. '~을 해야 한다'는 must 또는 have to로 말하는데, 보통 대화할 때는 must보다 have to를 많이 씁니다. 일상적인 대화에서 must를 쓸 때는 주로 He must be rich(그는 부자임이 틀림없어).처럼 '~임이 분명하다'라는 뜻을 나타낼 때입니다.

I have to tell you something.
당신에게 할 말이 있어.

    A: I have to tell you something.
    B: What is it?
    A: I got fired today.

    A: 당신에게 할 말이 있어.
    B: 뭔데요?
    A: 나 오늘 잘렸어.

  ▶ get fired 해고되다

I have to redo this essay.
이 에세이를 다시 써야 해.

    A: I have to redo this essay.
    B: What is wrong with it?
    A: It isn't long enough.

    A: 이 에세이를 다시 써야 해.
    B: 뭐가 잘못되었는데?
    A: 내용이 충분히 길지가 않아.

  ▶ redo는 '다시'를 의미하는 접두어 re와 '~을 하다'라는 의미의 do가 결합한 단어로 '(어떤 일을) 다시 하다'라는 동사입니다.

I'm going to ~.

난 ~할 거야 미국인들이 입에 달고 다니는 패턴 중 하나입니다.
문법적으로 따지면 가까운 미래에 예정된 일에는 be going to를, 먼 미래에
막연하게 하리라 생각하는 것에는 will을 쓴다고 하는데, 이런 것은 몰라도
괜찮습니다. 일상생활에서 '난 ~할 거야'를 표현할 때는 그냥 be going to를
쓰세요.

I'm going to ask Sarah out.
나 사라에게 데이트 신청하려고.

> A: I'm going to ask Sarah out.
> B: Are you sure?
> A: Sure. I really like her.

A: 나 사라에게 데이트 신청하려고.
B: 정말?
A: 응, 난 사라가 정말 좋아.

▶ ask *someone* out ~에게 데이트를 신청하다

I'm going to sleep with her.
난 그녀와 잘 거야.

> A: I'm going to sleep with her.
> B: Do you need a condom?
> A: I have one already.

A: 난 그녀와 잘 거야.
B: 콘돔 필요해?
A: 이미 하나 챙겼지.

▶ already 이미, 벌써

Are you going to ~?

너 ~을 할 거야? '~할 것이다[예정이다]'라는 be going to의 의문문 형태 중 하나인 Are you going to ~?는 '넌 ~을 할 거야[예정이야]?'라는 의미의 문장패턴입니다.

Are you going to tell me your secret?
네 비밀을 나한테 말해줄 거야?

    A: Are you going to tell me your secret?
    B: Yes... I'm gay.
    A: That doesn't bother me.

    A: 네 비밀을 나한테 말해줄 거야?
    B: 응…. 나 게이야.
    A: 그게 뭐 대수야?

▶ secret 비밀   bother 신경 쓰이다, 괴롭히다

Are you going to work out today?
오늘 운동할 거야?

    A: Are you going to work out today?
    B: No, my legs are sore.
    A: You should stretch them.

    A: 오늘 운동할 거야?
    B: 아니, 다리가 아파.
    A: 다리 스트레칭을 해야겠다.

▶ work out 운동하다   sore (염증 등으로) 아픈

Who's going to ~?

~할 사람이 누구야? who's는 who is를 줄인 말입니다.
Who's going to ~?는 '누가 ~할 예정이야?'라고 묻는 표현이죠.

Who's going to win?
누가[어느 쪽이] 이길 것 같아?

    A: What are you watching?
    B: I'm watching the football game.
    A: Who's going to win?

    A: 뭐 봐?
    B: 미식축구 보고 있어.
    A: 누가 이길 것 같아?

Who's going to take over this project?
누가 이 프로젝트를 넘겨받을 것 같아?

    A: Who's going to take over this project?
    B: I think Mike is going to take it over.
    A: He'll do really well with it.

    A: 누가 이 프로젝트를 넘겨받을 것 같아?
    B: 내 생각에 마이크가 넘겨받을 것 같아.
    A: 마이크는 아주 잘할 거야.

▶ take over 인수하다

I like ~.

난 ~하는 것을 좋아해 미국 사람들은 좋아하는 게 뭐가 그리도 많은지 뭘 봐도 I like ~라고 말합니다. 제 생각에는 별로인 것 같은데 말이죠. 아주 사소한 것에서도 본인의 느낌을 표현하기 좋아하는 미국인들의 성향을 볼 수 있는 문장패턴이 바로 I like ~입니다.

I like writing poems.
난 시 쓰는 걸 좋아해.

A: What do you like to do in your spare time?
B: I like writing poems.
A: That sounds boring.

A: 한가한 시간에 뭘 하는 걸 좋아해?
B: 난 시 쓰는 걸 좋아해.
A: 그건 지루할 것 같은데.

▶ poem (한 편의) 시 spare time 여가, 한가한 시간

I like romantic men.
난 로맨틱한 남자를 좋아해.

A: What kind of men do you like?
B: I like romantic men.
A: I think every woman does!

A: 넌 어떤 남자를 좋아해?
B: 난 로맨틱한 남자를 좋아해.
A: 그런 남자 싫어하는 여자 있나?

Do you like ~?

~을 좋아하니? 내가 무엇을 좋아한다고 할 때는 I like ~를 씁니다.
그렇다면 상대방에게 무엇을 좋아하냐고 물어볼 때는 어떻게 말할까요?
그렇습니다. Do you like ~?라고 물으면 됩니다.

Do you like ice cream?
아이스크림 좋아해?

> A: Let's get dessert.
> B: Do you like ice cream?
> A: I love it.

A: 후식 먹자.
B: 아이스크림 좋아해?
A: 당근이지.

▶ get은 '먹다'라는 의미뿐 아니라 '마시다'라는 뜻도 있으므로 먹고 마실 때 get을 쓰는 경우가 많습니다.

Do you like going out on the weekend?
주말에 밖에 나가는 거 좋아해요?

> A: Do you like going out on the weekend?
> B: Sometimes. How about you?
> A: I like staying in.

A: 주말에 밖에 나가는 거 좋아해요?
B: 가끔은요. 그쪽은요?
A: 전 집에 있는 걸 좋아해요.

I feel like V-ing ~.

~을 하고 싶어 일상생활에서 남자들이 I feel like V-ing 문장패턴을 이용해 가장 많이 하는 말은 아마도 I feel like drinking(나 술 마시고 싶어)일 것입니다.

I feel like drinking some wine.
와인이나 좀 마시고 싶다.

   A: I had a horrible day.
   B: Me, too.
   A: I feel like drinking some wine.

   A: 오늘 죽음이었어.
   B: 나도 그런데.
   A: 와인이나 좀 마시고 싶다.

   ▶ horrible 끔찍한, 지긋지긋한

I feel like going back to college.
난 대학교에 다시 가고 싶어.

   A: I feel like going back to college.
   B: Do you think that will help advance your career?
   A: I think it will.

   A: 난 대학교에 다시 가고 싶어.
   B: 그렇게 하는 게 네 커리어를 발전시키는 데 도움이 될 것 같아?
   A: 그럴 것 같아.

   ▶ advance *one's* career 커리어를 발전시키다, 출세하다

I don't feel like V-ing ~.

~하고 싶지 않아 I feel like V-ing(~하고 싶다)의 반대 의미를 나타내는 문장패턴이 I don't feel like V-ing입니다. 어떤 일을 정말 하고 싶지 않다고 말하고 싶을 때 이 문장패턴을 활용해봅시다.

I don't feel like getting out of bed.
일어나기 싫은데.

A: Get up! It's time for work!
B: I don't feel like getting out of bed.
A: You have to!

A: 일어나! 일하러 갈 시간이야!
B: 일어나기 싫은데.
A: 일어나야 해!

▶ get out of bed 일어나다, 침대에서 나오다

I don't feel like eating dinner.
저녁 먹기 싫은데.

A: I don't feel like eating dinner.
B: Why not?
A: My stomach is upset.

A: 나 저녁 먹기 싫어.
B: 왜?
A: 속이 메슥거려.

▶ My stomach is upset.은 속이 메슥거릴 때 씁니다.

I feel ~.

~을 느껴 '~을 느끼다'라고 할 때 동사 feel 다음에 형용사를 쓸 수 있습니다. I feel fat.이라고 하면 '나 뚱뚱한 것 같아'이고, I feel anxious.라고 하면 '걱정이 돼'라는 뜻입니다.

I feel fat in these jeans.
이 청바지를 입으니까 내가 뚱뚱하게 느껴져.

    A: I feel fat in these jeans.
    B: They look good on you!
    A: I think they're too tight.

    A: 이 청바지를 입으니까 내가 뚱뚱하게 느껴져.
    B: 너한테 잘 어울리는데!
    A: 너무 꽉 끼는 것 같아.

I feel anxious about the meeting.
미팅 때문에 걱정돼.

    A: I feel anxious about the meeting.
    B: Are you presenting?
    A: Yes. I'm going over the quarterly report.

    A: 미팅 때문에 걱정돼.
    B: 내가 발표해?
    A: 응. 분기별 보고서를 발표할 거야.

▶ feel anxious 걱정하다　present 발표하다(발음은 "프리젠트")　go over ~을 잘 살펴보다[검토하다]　quarterly report 분기별 보고서

I'm kind of ~.

나 좀 ~해 미국인들이 늘 입에 달고 사는 표현 중 하나가 kind of입니다. 우리말로는 '약간', '좀'이란 의미죠. 미국인들은 말하는 중간에 kind of를 자주 사용하니 잘 알아둡시다.

I'm kind of mad at John.
나 존한테 좀 열받았어.

A: You look upset.
B: I'm kind of mad at John.
A: Don't let it ruin your day.

A: 너 화난 것 같아.
B: 나 존한테 좀 열받았어.
A: 그것 때문에 네 하루를 망치지 마.

▶ Don't let it ruin your day.를 직역하면 '그것이 너의 하루를 망치게 두지 마'라는 뜻으로 화나는 일을 훌훌 털어버리라고 충고할 때 쓰는 표현입니다. ruin은 '망치다', '파산시키다'라는 뜻의 동사죠.

I'm kind of jealous of Tony.
난 토니한테 좀 질투 나.

A: I'm kind of jealous of Tony.
B: Why are you jealous?
A: He got a new car.

A: 난 토니한테 좀 질투 나.
B: 왜 질투가 나는데?
A: 그 자식이 새 차를 뽑았더라고.

▶ jealous of ~을 질투하는[시기하는]

I'm getting ~.

점점 ~해져 어떤 상태로 되어갈 때 get+형용사를 씁니다. I'm getting old.라고 하면 '난 나이 들어가고 있어'라는 의미고, I'm getting tired.라고 하면 '피곤해'라는 표현이 됩니다.

I'm getting old.
나이가 들어서 그래. / 점점 나이를 먹고 있어.

A: My back is sore today.
B: Did you hurt it?
A: No. I'm getting old.

A: 오늘 등이 아파.
B: 등을 다쳤어?
A: 아니. 나이가 들어서 그래.

▶ back 등   sore (근육을 많이 써서) 아픈, (염증이 생겨) 따끔거리는

I'm getting sleepy.
나 슬슬 졸려.

A: I'm getting sleepy.
B: You should go to bed.
A: But I want to see the end of the movie.

A: 나 슬슬 졸려.
B: 가서 자.
A: 그런데 영화 엔딩을 보고 싶어.

I think ~.

난 ~라고 생각해 내 생각과 의견을 표현할 때 쓰는 문장패턴이 바로
I think ~입니다. 흔히 쓰는 말투로 '난 ~한 것 같아'라는 뜻이지요.

I think we should break up.
우리 헤어져야 할 것 같아.

 A: We don't get along anymore.
 B: What are you saying?
 A: I think we should break up.

 A: 우린 서로에게 더 이상 맞지 않아.
 B: 무슨 소리야?
 A: 우리 헤어져야 할 것 같아.

▶ get along 사이좋게 지내다, 호흡이 맞다

I think it's going to rain.
비가 올 것 같은데.

 A: The sky is getting dark.
 B: I think it's going to rain.
 A: We'd better go inside.

 A: 하늘이 점점 어두워지네.
 B: 비가 올 것 같은데.
 A: 안으로 들어가는 게 낫겠다.

I don't think ~.

난 ~라고 생각하지 않아 "쟤 별로 똑똑하지 않은 것 같아"라는 말을 한국인이 영어로 하면 십중팔구 I think he's not very smart.라고 할 것입니다. 문법적으로는 틀린 데가 없는데 미국인이 들었을 때는 좀 어색한 문장입니다. 그들 입맛에는 I don't think he's very smart.라는 문장이 더 자연스럽습니다. 설명하자면 너무 길고, 앞으로 '내 생각에 ~하지 않는 것 같다'는 I don't think ~라는 문장패턴으로 쓰세요.

I don't think I'm strong enough.
내가 그리 힘이 센 것 같지는 않은데.

A: Can you carry me?
B: I don't think I'm strong enough.
A: I bet you are.

A: 날 안고 갈 수 있지?
B: 내가 그리 힘이 센 것 같지는 않은데.
A: 무슨 소리. 넌 힘이 장사잖아.

▶ enough가 명사와 함께 쓰일 때는 명사 앞에 나옵니다. enough food(충분한 음식)처럼요. 그런데 형용사와 쓰이며 위의 문장의 strong enough처럼 형용사 뒤로 가죠. I bet (you) ~는 '틀림없이 ~이다'라는 표현입니다.

I don't think I can afford it.
내 형편엔 무리인 것 같아.

A: This is a beautiful necklace.
B: You should buy it for yourself.
A: I don't think I can afford it.

A: 이 목걸이 진짜 예쁘다.
B: 널 위해 하나 사.
A: 내 형편엔 무리인 것 같아.

▶ I don't think I can afford it.은 '그것을 할 (경제적인) 능력이 안 되는 것 같다', 즉 '내 형편에는 무리인 것 같다'라는 표현입니다. for *oneself* 자신을 위해, 혼자 힘으로

Do you think ~?

~라고 생각해? 상대의 의견이나 생각을 물어볼 때 쓰는 Do you think 뒤에는 주어(S)+동사(V)가 따라 나옵니다. 원래 think 뒤에 that이 나오지만, 일반적으로 that은 많이 생략합니다.

Do you think I'm qualified?
제가 자격이 된다고 생각하세요?

A: You should apply for an overseas branch.
B: Do you think I'm qualified?
A: I think you would be great!

A: 자네, 해외지사에 지원해보게.
B: 제가 자격이 된다고 생각하세요?
A: 자네만한 사람이 없는 것 같네!

▶ qualified 자격이 있는[되는]   apply for ~에 지원하다[신청하다]   overseas branch 해외 지사

Do you think this makes sense?
이게 말이 되는 것 같나요?

A: Do you think this makes sense?
B: I think the second sentence is kind of confusing.
A: I'll rewrite it.

A: 이게 말이 되는 것 같나요?
B: 두 번째 문장이 좀 헷갈리는군요.
A: 그 문장은 다시 쓰겠습니다.

▶ make sense 말이 되다, 타당하다, 의미가 통하다   sentence 문장   confusing 혼란시키는, 혼란스러운

I think it's time ~.

~할 시간인 것 같아 It's time to ~와 It's time for ~는 '~할 때[시간]이다'라는 의미의 문장패턴입니다. time to 뒤에는 동사원형이 오고, time for 뒤에는 동명사나 명사(구) 같은 것이 옵니다. 그런데 이 앞에 I think가 왔기 때문에 '~할 시간이 된 것 같다'라는 본인의 생각이 들어간 문장이 됩니다.

I think it's time to look for a new job.
새로운 일자리를 찾아야 할 때인 것 같군.

    A: I didn't get my raise.
    B: I think it's time to look for a new job.
    A: I agree.

    A: 월급이 오르지 않았어.
    B: 새로운 일자리를 찾아야 할 때인 것 같군.
    A: 그러게.

    ▶ look for는 '~을 찾다'라는 의미의 표현입니다. raise는 흔히 동사로 쓰고 그때의 뜻은 '올리다', '상승하다'입니다. 명사로는 '(임금) 인상'의 의미로 많이 사용합니다.

I think it's time for a break.
이제 쉴 시간이 된 것 같아.

    A: Let's stop and get some coffee.
    B: Why?
    W: I think it's time for a break.

    A: 일을 멈추고 커피 좀 마시자.
    B: 왜?
    A: 이제 쉴 시간이 된 것 같아.

Let's ~.

(우리) ~하자 let us를 줄여서 let's라고 합니다. 무엇을 제안하거나 권유할 때 쓰는 표현으로, us가 들어가 있는 것에서 알 수 있듯이 '(우리 함께) ~을 하자'라는 의미의 문장패턴입니다.

Let's talk about this later.
이건 나중에 얘기하자.

  A: I'm mad at you.
  B: Let's talk about this later.
  A: But I want to talk about it now.

  A: 나 너한테 화났어.
  B: 이건 나중에 얘기하자.
  A: 난 지금 얘기하고 싶어.

▶ later 나중에, 후에   be mad at ~에게 몹시 화가 난

Let's make a deal.
우리 이렇게 하자. / 우리 거래하자.

  A: Let's make a deal.
  B: What's the deal?
  A: I'll wash the car if you do the dishes.

  A: 우리 이렇게 하자.
  B: 어쩌자고?
  A: 당신이 설거지하면 내가 세차를 할게.

▶ make a deal 협상하다[흥정하다], 거래하다   do the dishes 설거지를 하다

Can I ~?

~해도 돼? '나는 ~을 할 수 있다', '나는 ~을 할 줄 안다'라고 할 때 I can ~ 패턴을 씁니다. 그런데 I can ~의 의문문 형태인 Can I ~?는 '내가 ~을 해도 될까요?'라고 상대에게 허락을 구하는 표현입니다. Can I ~? 대신 May I ~?를 써도 됩니다.

Can I leave work early?
오늘 일찍 퇴근해도 될까요?

A: Can I leave work early?
B: Why?
A: I'm not feeling well.

A: 오늘 일찍 퇴근해도 될까요?
B: 왜죠?
A: 몸이 안 좋아서요.

Can I stay the night with you?
당신과 함께 밤을 보내도 될까요?

A: I don't want you to leave.
B: Can I stay the night with you?
A: Yes! Of course!

A: 가지 말아요.
B: 당신과 함께 밤을 보내도 될까요?
A: 물론이죠!

▶ stay the night (남의 집에서) 하룻밤 자다[묵다]

Can I have ~?

내게 ~을 줄래? 알아두면 정말 유용하게 써먹을 수 있는 문장패턴 중 하나가 바로 Can I have ~?입니다. Can I have ~? 대신 Can I get ~?이라고 써도 됩니다. 직역하면 '제가 ~을 가질 수 있을까요?', 즉 '~을 주시겠어요?'라는 뜻입니다.

Can I have the chicken salad?
치킨샐러드로 주시겠어요?

A: What would you like to order?
B: Can I have the chicken salad?
A: What dressing would you like on your salad?

A: 무엇을 주문하시겠어요?
B: 치킨샐러드로 주시겠어요?
A: 샐러드드레싱은 뭐로 하시겠어요?

▶ order 주문하다 dressing 드레싱[소스]

Can I have the recipe?
레시피 알려줄 수 있어?

A: This pie is amazing.
B: Thanks! I baked it today.
A: Can I have the recipe?

A: 이 파이 진짜 맛있다.
B: 고마워! 오늘 내가 구웠어.
A: 레시피 알려줄 수 있어?

▶ recipe 조리법, 레시피

Can you ~?

~해줄래? '~을 할 수 있다'라는 의미의 조동사 can이 사용된 의문문 Can you ~?는 '너 ~을 할 수 있어?'라고 가능성을 물어볼 때와, 의미를 좀 더 확장해서 '~해줄래?'라고 요청할 때 씁니다. 긍정의 답일 때는 Sure(물론이지).나 Of course(당연하지).를 쓰면 됩니다.

Can you call me?
나한테 전화해줄래요?

A: I'd like to see you again.
B: Me too! We should get together next week.
A: Can you call me?

A: 당신을 다시 만나고 싶어요.
B: 저도요! 다음 주에 만나죠.
A: 나한테 전화해줄래요?

▶ get together 만나다, 모으다

Can you help me?
날 좀 도와줄래?

A: Can you help me?
B: With what?
A: My homework.

A: 날 좀 도와줄래?
B: 뭘?
A: 내 숙제.

Could you ~?

~을 해주겠니? Could you ~?는 '~을 해주시겠어요?'라고 격식 있고 공손하게 부탁하는 문장패턴입니다. Can you ~?보다 더 정중한 뉘앙스의 표현이죠. Would you ~?로 물어볼 수도 있습니다.

Could you spell that for me?
철자를 불러주시겠어요?

> A: What's your last name?
> B: Louis.
> A: Could you spell that for me?

A: 성이 어떻게 되시죠?
B: Louis입니다.
A: 철자를 불러주시겠어요?

▶ last name 성   spell 철자를 말하다

Could you kiss me again?
한 번 더 키스해줄래요?

> A: Could you kiss me again?
> B: Did you like it?
> A: I loved it.

A: 한 번 더 키스해줄래요?
B: 좋았어요?
A: 끝내줬어요.

I can't believe ~.

~하다니 믿기지 않아 어떤 사실을 믿을 수가 없다고 놀라움을 표현할 때 쓰는 문장패턴입니다. 요즘 우리나라 대형마트에서도 볼 수 있는 미국산 "I can't believe it's not butter!"라는 브랜드가 있습니다. '이게 버터가 아니라니, 맙소사!' 정도로 해석할 수 있는데, 마가린인 주제에 버터만큼이나 부드럽고 고소한 맛 때문에 유명한 제품입니다.

I can't believe it!
믿을 수가 없는걸!

A: I got the job.
B: Really? I can't believe it!
A: They hired me immediately.

> A: 나 직장 잡았어.
> B: 진짜? 믿을 수가 없는걸!
> A: 그 자리에서 고용되었다고.

▶ hire 고용하다, 채용하다　immediately 즉시

I can't believe he won!
걔가 이겼다니 안 믿기는데!

A: Who won the race?
B: John did.
A: I can't believe he won!

> A: 경주에서 누가 이겼어?
> B: 존이 이겼어.
> A: 걔가 이겼다니 안 믿기는데!

That's why ~.

그게 바로 ~한 이유야 어떤 상황이나 결과에 대한 원인을 말할 때 미국인들이 입버릇처럼 쓰는 표현입니다. 유사한 표현으로 That's because ~가 있습니다.

That's why you shouldn't drink a lot.
그러니까 술을 많이 마시면 안 된다니까.

A: I threw up last night.
B: That's why you shouldn't drink a lot.
A: I didn't realize how much I had had.

A: 나 어젯밤에 토했어.
B: 그러니까 술을 많이 마시면 안 된다니까.
A: 내가 얼마나 마셨는지도 모르고 있었어.

▶ 모르는 시점(I didn't realize)보다 술을 마셨던 것이 먼저 발생했으므로 과거완료 시제인 had had를 썼습니다. 이때 뒤의 had는 '먹다', '마시다'라는 have의 과거분사형입니다.
throw up 토하다

That's why she loves him so much.
걔가 그 남자를 그토록 사랑하는 이유가 바로 그것 때문이구나.

A: He makes a lot of money.
B: That's why she loves him so much.
A: That's so shallow of her!

A: 그 남자는 돈을 장난 아니게 벌어.
B: 걔가 그 남자를 그토록 사랑하는 이유가 바로 그것 때문이구나.
A: 얄팍하군!

▶ make money 돈을 벌다, 성공하다   a lot of 많은, 여러   shallow 얕은, 얄팍한

I was wondering if ~.

~해주었으면 해 정중히 상대에게 요청·부탁하거나 상대의 의향을 물을 때 쓰는 패턴입니다.

I was wondering if you would be my boyfriend.
내 남자친구가 되어주지 않을래?

 A: Hey Sarah, what's up?
 B: I was wondering if you would be my boyfriend.
 A: I'm already seeing someone.

 A: 안녕, 사라. 무슨 일이야?
 B: 내 남자친구가 되어주지 않을래?
 A: 이미 난 다른 사람 만나고 있어.

▶ 누군가를 사귀고 있다고 할 때 동사 see를 씁니다. 이때는 I'm seeing Tom these days(나 요즘 톰을 만나고 있어).처럼 진행형으로 쓰는 게 일반적입니다.

I was wondering if you could help me.
날 좀 도와줬으면 해서.

 A: Are you doing anything this afternoon?
 B: Not that I know of. Why?
 A: I was wondering if you could help me.

 A: 너 오늘 오후에 뭐 할 거 있어?
 B: 아니. 왜?
 A: 날 좀 도와줬으면 해서.

▶ not that I know of는 '내가 알기에는 그렇지 않다'라는 의미의 표현입니다. 그냥 No! 라고 하는 것보다 더 세련된 표현이죠.

How about ~?

~하는 게 어때? How about ~?은 누군가에게 제안할 때 쓰는 문장패턴입니다. How about coffee(커피 한잔 어때?)처럼 쓰면 되죠. 그렇다면 What about ~?은 어떨까요? What about ~?은 제안하는 게 아니라 무엇[누구]에 대한 상대방의 생각과 의견을 묻는 것입니다. What about 서태지?라고 하면 '넌 서태지에 대해 어떻게 생각해?'라고 의견을 묻는 것이죠.

How about tomorrow?
내일 어때?

A: Do you want to hang out sometime?
B: Sure! When?
A: How about tomorrow?

A: 언제 놀러 갈래?
B: 좋지! 언제?
A: 내일 어때?

▶ hang out 놀러 가다, 많은 시간을 보내다 sometime 언제, 언젠가

How about scratching my back?
내 등이나 좀 긁어주지 그래?

A: I want to touch you.
B: How about scratching my back?
A: That's not what I meant!

A: 당신을 만지고 싶어.
B: 내 등이나 좀 긁어주지 그래?
A: 내 말은 그게 아니잖아!

▶ scratch *one's* back 등을 긁다

Do you want to ~?

~하고 싶니? 친구나 편한 상대에게 무엇인가를 하고 싶은지 물어볼 때 쓰는 문장패턴입니다. want to를 딱딱하게 "원트 투"로 발음하지 말고 "워너"라고 부드럽게 발음해보세요. 회화체 문장을 글로 적을 때 want to보다 wanna라고 쓰는 경우도 많습니다.

Do you want to go shopping?
쇼핑하러 갈래?

A: Do you want to go shopping?
B: No, not really.
A: Come on! Please!

A: 쇼핑하러 갈래?
B: 아니.
A: (그러지 말고) 가자! 응?

Do you want to go out for lunch?
점심 먹으러 나갈래?

A: Do you want to go out for lunch?
B: No, I'd rather stay in.
A: Okay. Then, let's order a pizza!

A: 점심 먹으러 나갈래?
B: 아니, 집에 있을래.
A: 그래, 그럼, 피자나 주문하자!

▶ I'd rather ~의 I'd는 I would의 줄임말입니다. would rather+동사원형+(than)은 '··히기 보다는 치라리 ···을 하겠다'라는 표현입니다. stay in 집에 있다

Would you like to ~?

~하겠니? Do you want to ~?보다 정중하고 공손하게 무엇을 제안할 때 쓰는 문장패턴입니다. 가령, 성인인 이성에게 데이트를 신청할 때나 윗사람에게 공손하게 제안할 때 씁니다.

Would you like to go out for dinner?
저녁 먹으러 나갈래요?

    A: Would you like to go out for dinner?
    B: I'm busy tonight.
    A: How about tomorrow night?

    A: 저녁 먹으러 나갈래요?
    B: 저 오늘 밤 엄청 바빠요.
    A: 내일 저녁은 어때요?

Would you like to take a day off?
하루 쉴래요?

    A: I need a break.
    B: Would you like to take a day off?
    A: That would be great.

    A: 전 휴식이 필요해요.
    B: 하루 쉴래요?
    A: 그럴 수 있으면 정말 좋죠.

  ▶ take a day off 하루 휴가를 얻다

Make sure to ~.

꼭 ~해라 "과제물 제출하는 것을 명심해"를 영어로 어떻게 말할까요? Make sure to ~를 모르면 대부분 Don't forget to hand in your project.라고 할 것입니다. 앞으로는 '반드시[꼭] ~하도록 해'라고 당부할 때 Make sure to ~ 또는 Be sure to ~를 쓰세요. 그래야 의미가 더 정확히 전달됩니다.

Make sure to dress warm.
옷을 꼭 따뜻하게 입어.

> A: It's supposed to snow today.
> B: I'm working outside this afternoon.
> A: Make sure to dress warm.

A: 오늘 눈 온다는데.
B: 나 오늘 오후에 외근인데.
A: 옷을 꼭 따뜻하게 입어.

▶ be supposed to+동사원형 ~하기로 되어 있다

Make sure to be polite.
반드시 예의를 지키도록 해라.

> A: Did you say, "Excuse me?"
> B: No, I forgot.
> A: Make sure to be polite.

A: "실례합니다"라고 말했니?
B: 아니요, 까먹었어요.
A: 반드시 예의를 지키도록 해라.

▶ polite 정중한, 예의 바른

Don't forget to ~.

~하는 것을 잊지 마 살다 보면 깜빡깜빡하는 일이 참 많이 생깁니다. 마흔을 넘어가면서부터 깜박거리는 게 더 속도가 붙죠. 이런 사람에게 늘 말해줘야 하는 문장패턴이 바로 Don't forget to ~입니다.

Don't forget to check the email.
이메일 체크하는 것 잊지 마.

    A: Don't forget to check the email.
    B: I'll look at it tonight.
    A: Call me if there's anything you don't understand.

    A: 이메일 체크하는 것 잊지 마.
    B: 오늘 밤에 볼게.
    A: 이해 안 되는 부분이 있으면 전화해.

Don't forget to pick up the kids.
아이들 픽업하는 것 잊지 마요.

    A: Don't forget to pick up the kids.
    B: What time is their practice done?
    A: At 5:00.

    A: 아이들 픽업하는 것 잊지 마요.
    B: 애들 연습이 몇 시에 끝나지?
    A: 5시요.

▶ pick *someone* up ~을 차에 태우러 가다, ~을 차에 태우다

I think you should ~.

넌 ~해야 할 것 같아 '내 생각에 넌 ~해야 할 것 같다'라는 강한 뉘앙스의 조언 및 권유 표현입니다. 상대가 기분 나쁘지 않게 말하는 방법 중 하나죠.

I think you should quit smoking.
너 담배를 좀 끊어야 할 것 같아.

A: I think you should quit smoking.
B: It's a hard habit to break.
A: Smoking is gross.

A: 너 담배를 좀 끊어야 할 것 같아.
B: 얼마나 끊기 힘든데.
A: 담배는 정말 역겨워.

▶ quit은 '끊다', '그만두다'라는 의미의 단어로 뒤에 동명사나 명사(구)가 옵니다. '버릇을 고치다'라는 break a habit도 알아두세요. 일상적인 대화를 나눌 때 Something is gross. 라고 하면 '무엇이 역겹다'라는 표현입니다.

I think you should stop drinking.
술 좀 작작 마셔.

A: Do you have a hangover again?
B: Yeah, I went to a party last night.
A: I think you should stop drinking.

A: 또 숙취야?
B: 응, 어젯밤에 파티에 갔거든.
A: 술 좀 작작 마셔.

▶ hangover는 '숙취'를 뜻하는 단어입니다. I have a terrible hangover.라고 하면 '최악의 숙취야'라는 뜻이죠.

I think you'd better ~.

네가 ~하는 게 좋을 것 같아 you'd better의 you'd는 you had의 축약형이고, had better는 '~하는 게 좋겠다[낫다]'라는 의미입니다. better 뒤에는 항상 동사원형이 와야 합니다. 이 문장패턴은 정중하거나 공손한 느낌이 없고 약간은 가르치는 뉘앙스가 있으므로 손윗사람이나 일 관계로 만난 사람에게는 쓰지 않는 게 좋습니다.

I think you'd better get new tires.
너 타이어를 새로 갈아야 할 것 같아.

- A: Your tires look flat.
- B: They're really old.
- A: I think you'd better get new tires.

A: 너 차 타이어가 바람이 빠진 것 같은데.
B: 정말 오래됐지.
A: 너 타이어를 새로 갈아야 할 것 같아.

▶ 보통 flat을 '편평한'이라는 뜻으로 많이 알지만, I have a flat tire(내 차 타이어가 펑크 났어).처럼 '바람 빠진', '펑크난'이라는 뜻도 있습니다.

I think you'd better apologize.
네가 사과하는 게 좋을 것 같아.

- A: I think you'd better apologize.
- B: Do you think he'll forgive me?
- A: It's worth a try.

A: 네가 사과하는 게 좋을 것 같아.
B: 그이가 날 용서할까?
A: 시도는 해봐야지.

▶ It's worth a try.는 '해볼 만하다'라는 의미의 표현입니다. apologize 사과하다 forgive 용서하다

I told you to ~.

내가 너더러 ~하라고 했잖아 말을 듣지 않고 어떤 일을 하지 않은 사람을 가볍게 책망할 때 쓰는 문장패턴입니다. 약간은 신경질적으로 툭 내뱉어야 맛이 살죠. you 다음에 to+동사원형이 온다는 사실도 잊지 맙시다.

I told you to take the subway.
내가 너더러 지하철 타라고 했잖아.

    A: It took me forever to drive here today.
    B: I told you to take the subway.
    A: Next time I will!

    A: 오늘 여기까지 운전해서 오는 데 정말 시간이 오래 걸렸어.
    B: 내가 너더러 지하철 타라고 했잖아.
    A: 다음번에는 그렇게 할게!

    ▶ take forever 엄청나게 오랜 시간이 걸리다

I told you to make the reservation.
내가 너보고 예약하라고 했잖아.

    A: Did you make our hotel reservation?
    B: No, I thought you did.
    A: I told you to make the reservation.

    A: 너 호텔 예약했어?
    B: 아니, 네가 한 줄 알았는데.
    A: 내가 너보고 예약하라고 했잖아.

    ▶ make a reservation 예약하다

I want you to ~.

난 네가 ~하면 좋겠어 내가 무엇인가를 하고 싶을 때는 I want to ~를 쓰고, '네가' 무엇인가를 해주면 좋겠다고 할 때는 I want you to ~를 씁니다. 이때 you 뒤에 to+동사원형을 써야 한다는 것을 잊지 말아야 합니다. to를 쓰지 않고 I want you call me.처럼 말하는 사람이 많더라고요.

I want you to stop lying.
난 네가 거짓말 좀 그만하면 좋겠어.

A: I want you to stop lying.
B: I don't lie.
A: You're lying right now!

A: 난 네가 거짓말 좀 그만하면 좋겠어.
B: 난 거짓말 안 해.
A: 지금도 하고 있잖아!

▶ lie(거짓말하다)의 현재진행형은 lying입니다.

I want you to apologize.
난 네가 사과해주길 바라.

A: You hurt my feelings.
B: How can I make it up to you?
A: I want you to apologize.

A: 넌 내 마음을 아프게 했어.
B: 내가 네게 어떻게 해주면 될까?
A: 난 네가 사과해주길 바라.

▶ hurt *someone's* feelings은 '~의 기분[마음]을 상하게 하다'라는 표현입니다. make up은 '~에 관해 보상하다'라는 의미가 있는데, make it up to you.라고 하면 '너랑 화해하다', '너에게 보상하다'라는 표현이 됩니다.

Don't be so ~.

너무 ~하지 마 우리말로 '너무 ~하지 마'라고 표현하고 싶을 때 Don't be so ~를 쓰세요. so(너무, 그렇게)는 뒤에 나오는 형용사의 뜻을 강조해 주는 역할을 하죠. 간단하면서도 알아두면 요긴한 패턴입니다.

Don't be so mean to everyone.
모든 사람한테 너무 심술궂게 굴지 마.

A: Don't be so mean to everyone.
B: I'm only being mean to him.
A: You're making everyone uncomfortable.

A: 모든 사람한테 너무 심술궂게 굴지 마.
B: 난 그놈한테만 그래.
A: 네가 사람들을 모두 불편하게 하고 있어.

▶ mean을 동사로 쓰면 '~라는 의미이다'라는 뜻이지만, 형용사로 쓰면 '성질 나쁜', '심술 궂은', '비열한'이라는 의미입니다. uncomfortable 불편한

Don't be so offensive.
너무 공격적으로 그러지 마.

A: Did you just flip him off?
B: Yes, he cut right in front of me.
A: Don't be so offensive.

A: 방금 가운뎃손가락으로 저 남자한테 욕했어?
B: 응, 내 차 앞으로 끼어들잖아.
A: 너무 공격적으로 그러지 마.

▶ offensive 공격적인, 불쾌한   flip *someone* off (가운뎃손가락으로) 사람을 놀리다

리얼 패턴 **131**

Why are you so ~?

왜 그렇게 ~해? 유난스럽게 짜증을 내거나 화를 내는 사람에게 이 문장패턴을 써서 단도직입적으로 이유를 물어볼 수 있습니다. 상황에 따라 약간 공격적으로 느껴질 수 있으니 조심히 쓰기 바랍니다.

Why are you so busy?
너 왜 그렇게 바빠?

A: Why are you so busy?
B: We had a lot of orders come in today.
A: That's a good thing!

A: 너 왜 그렇게 바빠?
B: 오늘 주문이 엄청 많이 들어왔어.
A: 좋은 일이네!

Why are you so tired?
왜 그리 피곤한데?

A: I'm exhausted today.
B: Why are you so tired?
A: My baby had me stay up half the night.

A: 오늘 완전히 지쳤어.
B: 왜 그리 피곤한데?
A: 우리 애가 거의 밤새 잠을 못 자게 하더라고.

▶ have+목적어+동사원형으로 이루어진 문장은 '(주어가) 목적어에게 동사의 행위를 하게 시키는 것'을 나타냅니다. 직역해서 '아기가 나를 밤의 절반 동안 깨어있게 했다'라는 것은 '아기 때문에 밤새 거의 잘 수가 없었다'라는 말이죠. exhausted 녹초가 된 stay up 안 자다, 깨어있다

I'm sorry I can't ~.

~할 수가 없어서 미안해 상대에게 어떤 일을 해줄 수 없어서 미안하다고 할 때 쓰는 문장패턴으로 완곡한 거절의 의미가 있습니다.

I'm sorry I can't stay any longer.
미안하지만 더 있을 수가 없어요.

   A: I have to leave.
   B: Stay for a few more minutes!
   A: I'm sorry I can't stay any longer.

  A: 전 가야 해요.
  B: 몇 분만 더 있지!
  A: 미안하지만 더 있을 수가 없어요.

▶ any longer는 any more와 바꿔 쓸 수 있습니다. '더 이상 ~(않다)'라는 의미입니다.

I'm sorry I can't be nicer.
미안하지만 더 친절하게는 못할 것 같네요.

   A: Can you at least try to be more polite?
   B: I'm sorry I can't be nicer.
   A: You're being rude to my guests.

  A: 좀 더 공손하게 굴려고 노력이라도 할 순 없니?
  B: 미안하지만 더 친절하게는 못할 것 같네요.
  A: 넌 내 손님들한테 무례하게 굴고 있어.

▶ at least 적어도, 최소한 rude 무례한 guest 손님, 고객

I'm sorry about ~.

~에 관해 미안해, ~에 대해 유감이야 무엇인가에 대해서 미안함을 나타낼 때 쓰는 문장패턴입니다. 또한, 상황에 따라서는 '~에 대해 유감이다'라는 의미로도 씁니다.

I'm sorry about cheating on you.
(널 속이고) 바람피워서 미안해.

A: I'm sorry about cheating on you.
B: You broke my heart.
A: Can we try getting back together?

A: 바람피워서 미안해.
B: 넌 내 마음을 아프게 했어.
A: 우리 다시 어떻게 안 될까?

▶ cheat을 '(시험에서) 부정행위를 하다', '속이다'라는 뜻으로 많이 쓰는데, 배우자 몰래 '바람을 피우다'라고 할 때도 cheat on *someone* 형태로 씁니다. break *one's* heart는 '마음을 아프게 하다'라는 의미고, get back은 '되돌아가다', '되찾다'라는 표현입니다.

I'm sorry about what happened at work.
회사에서 벌어진 일은 유감이에요.

A: I'm sorry about what happened at work.
B: I can't believe I got fired.
A: You'll find a new job.

A: 회사에서 벌어진 일은 유감이에요.
B: 내가 잘리다니 믿기지 않아.
A: 새 일자리를 찾을 수 있을 거예요.

Thank you for ~.

~에 대해서[해줘서] 고마워 누군가의 배려나 호의에 대해 고마움을 표현하는 문장패턴이 바로 Thank you for ~입니다.

Thank you for the ride.
태워줘서 고마워요.

    A: Thank you for the ride.
    B: Anytime!
    A: Your car is awesome!

A: 태워줘서 고마워요.
B: 언제든 말만 하세요!
A: 차가 정말 멋져!

▶ ride 타기, (차를) 얻어 타기 awesome 정말 멋진, 감탄할 만한

Thank you for the compliment.
칭찬 고마워요.

    A: That dress looks good on you.
    B: Thank you for the compliment.
    A: You look really gorgeous!

A: 그 옷이 당신한테 잘 어울려.
B: 칭찬 고마워요.
A: 정말 아름다워!

▶ compliment 칭찬, 찬사 gorgeous 아주 멋진[아름다운]

That would be ~.

진짜 ~하겠다 알면 쉽지만, 막상 입 밖으로 내뱉기 힘든 문장패턴이 바로 That would be ~입니다. That would be great(그러면 진짜 좋겠다)! 같은 표현은 일상생활에서 많이 쓰는 표현이니 알아두세요.

That would be nice of you.
그렇게 해주면 정말 고맙고. / 그렇게 해준다면 넌 진짜 좋은 사람이야.

A: I'll be on vacation next week.
B: I can water your plants for you.
A: That would be nice of you.

A: 나 다음 주 휴가야.
B: 내가 너의 화초에 물을 줄게.
A: 그렇게 해주면 정말 고맙고.

▶ be on vacation 휴가 중이다   water 물을 주다

That would be really special.
정말 특별하겠다.

A: We're going to write our own wedding vows.
B: That would be really special.
A: I hope my fiance agrees.

A: 우린 우리만의 결혼서약서를 쓰려고 해.
B: 정말 특별하겠다.
A: 약혼자가 동의해주면 좋겠어.

▶ wedding vow 결혼서약서   fiance (남성) 약혼자

What are you V-ing ~?

(지금) 무슨 ~하는 거야? 현재 하고 있는 일이나 벌어지는 상황을 물어볼 때 쓰는 문장패턴입니다. 동사를 ing형으로 해서 What are you thinking?이나 What are you talking about?처럼 물어야 합니다.

What are you thinking now?
지금 무슨 생각해?

A: What are you thinking now?
B: I'm thinking about Sara.
A: You should call her.

A: 지금 무슨 생각해?
B: 사라 생각.
A: 걔한테 전화해봐.

What are you talking about?
지금 무슨 말을 하는 거예요?

A: I know you were with another man today.
B: What are you talking about?
A: Don't lie to me. Where were you today?

A: 자기 오늘 다른 남자랑 있었던 거 다 알아.
B: 지금 무슨 말을 하는 거예요?
A: 내게 거짓말하지 마. 오늘 어디에 있었어?

I'm trying to ~.

~하려고 노력하고 있어 노력하는 상황을 나타낼 때 쓰는 문장패턴입니다. 잘 된다는 보장은 없지만 그래도 최선을 다해 try해봐야 하지 않겠어요?

I'm trying to pass English writing.
영어 작문 수업에서 낙제하지 않으려고 노력 중이야.

A: Why do you need a tutor?
B: I'm trying to pass English writing.
A: I can help you with that!

A: 너 왜 개인과외가 필요한데?
B: 영어 작문 수업에서 낙제하지 않으려고 노력 중이야.
A: 내가 도와줄 수 있어!

▶ pass (시험에) 합격하다, 낙제하지 않다   tutor 개인 과외교사

I'm trying to get a new job.
새 일자리를 찾으려고.

A: Why are you fixing up your résumé?
B: I'm trying to get a new job.
A: Good luck!

A: 이력서는 왜 만들고 있어?
B: 새 일자리를 찾으려고.
A: 잘 됐으면 좋겠다!

▶ fix up 서둘러 만들다, 마련하다, 수리하다   résumé 이력서

Do you have ~?

~이 있니? 상대에게 '~을 가지고 있니?' 또는 '~이 있어?'라고 물어볼 때 쓰는 문장패턴입니다.

Do you have this book in stock?
이 책 재고 있어요?

    A: Do you have this book in stock?
    B: Yes, but only in hardcover.
    A: Can I buy it?

A: 이 책 재고 있어요?
B: 네, 근데 양장본만 있어요.
A: 제가 살 수 있을까요?

▶ in stock 재고가 있는 hardcover 딱딱한 표지로 제본한 책, 양장본

Do you have time to talk?
얘기할 시간 좀 있어?

    A: Do you have time to talk?
    B: Only 5 minutes.
    A: That's enough.

A: 얘기할 시간 좀 있어?
B: 5분밖에 없어.
A: 그 정도면 충분해.

Do you know ~?

~을 알고 있니? '~을 알아?'라고 물어볼 때 쓰는 문장패턴으로 Do you know 다음에 의문사 where나 who, which 등을 써서 구체적인 정보를 물을 수 있습니다.

Do you know where the mall is?
쇼핑몰이 어디에 있는지 아세요?

    A: Do you know where the mall is?
    B: I think it's down this road, on the right.
    A: Thank you!

    A: 쇼핑몰이 어디에 있는지 아세요?
    B: 이 길 따라 내려가다 보면 오른편에 있는 것 같아요.
    A: 감사합니다!

Do you know who I am?
너 내가 누군지 알아?

    A: Do you know who I am?
    B: Of course I do, Dad!
    A: Then, stop talking to me like that.

    A: 너 내가 누군지 알아?
    B: 당연히 알죠, 아빠잖아요!
    A: 알면 이제 나한테 그따위로 말하지 말아라.

I like your ~.

너의 ~이 마음에 들어 이 문장패턴은 사회생활을 할 때, 그리고 이성을 꼬실 때 정말 유용합니다. 사람을 만나서 딱히 할 말이 없을 때 I like your tie(넥타이가 마음에 드네요.)와 같은 말을 하면 분위기를 부드럽게 할 수 있죠. 또한 상대에게 작업을 걸려고 할 때 칭찬은 기본이죠? I like your smile(당신의 미소가 좋아요.)나 I like your glasses(안경이 멋진데요.). 정도는 말할 수 있어야죠.

I like your sense of humor.
당신의 유머 감각이 마음에 들어요.

    A: I like your sense of humor.
    B: I didn't know I had one.
    A: You're hilarious!

    A: 당신의 유머 감각이 마음에 들어요.
    B: 내게 그런 게 있는 줄 몰랐는데요.
    A: 정말 웃겨요!

    ▶ hilarious 아주 웃긴

I like your new hairstyle.
너의 새로운 헤어스타일이 마음에 들어.

    A: I like your new hairstyle.
    B: You don't think it's too short?
    A: Not at all!

    A: 너의 새로운 헤어스타일이 마음에 들어.
    B: 너무 짧지 않아?
    A: 전혀!

I like the way ~.

~하는 모습[방법]이 마음에 들어 어떤 모습이나 방식, 행동, 생각, 스타일 등이 마음에 든다고 할 때 쓰는 문장패턴입니다. I like the way 뒤에는 주어+동사가 나옵니다. 이성을 꼬실 때 I like your ~만큼이나 유용하게 써먹을 수 있으니 잘 외워두시기 바랍니다. 반대의 의미를 나타낼 때는 I don't like the way ~를 씁니다.

I like the way you walk.
난 너의 걷는 모습이 마음에 들어.

A: I like the way you walk.
B: What do you like about it?
A: I like the way your hips move.

A: 난 너의 걷는 모습이 마음에 들어.
B: 내 걷는 모습의 어떤 점이?
A: 엉덩이가 움직이는 게 아주 그냥….

I like the way you designed it.
네가 디자인한 방식이 마음에 들어.

A: Did you make this yourself?
B: Yes, I put these materials together.
A: I like the way you designed it.

A: 이거 네가 만들었니?
B: 응, 이 재료들을 써서 만들었지.
A: 네가 디자인한 방식이 마음에 들어.

▶ put together (이것저것 모아서) 만들다 material 재료, 자재

You look ~.

너 ~해 보여 You look gorgeous.나 You look marvelous.라는 표현을 들어본 적 있을 것입니다. 둘 다 '너 멋지고 끝내준다'라는 의미인데, 여기서 보듯이 You look ~은 '너 ~같아 보인다'라는 뜻입니다.

You look annoyed.
너 짜증나 보여.

    A: Was the meeting bad?
    B: How did you guess?
    A: You look annoyed.

    A: 미팅이 별로였어?
    B: 어떻게 알았어?
    A: 너 짜증나 보여.

▶ annoyed 짜증난

You look good in that color.
넌 그 색깔이 잘 어울려.

    A: That shirt is really cute.
    B: I love the bright color.
    A: You look good in that color.

    A: 그 셔츠 진짜 귀엽다.
    B: 난 밝은색이 좋아.
    A: 넌 그 색깔이 잘 어울려.

It looks like ~.

~인 것 같아 100% 확실한 것은 아니지만 거의 그렇게 보일 때
It looks like ~을 씁니다. It looks like 뒤에는 주어+동사 형태가 따라옵니다.

It looks like she broke up with Mark.
걔 마크랑 깨진 것 같던데.

A: It looks like she broke up with Mark.
B: He wasn't very nice to her.
A: She deserves better.

A: 걔 마크랑 깨진 것 같던데.
B: 마크가 걔한테 잘 대해주지 않더라고.
A: 걔 정도면 당연히 더 나은 남자를 만나야지.

▶ deserve ~을 마땅히 받을 만하다

It looks like we need a new car.
(우리) 차를 새로 사야 할 것 같은데.

A: What happened to the car?
B: I got into a car accident. It's totaled.
A: It looks like we need a new car.

A: 대체 차에 무슨 일이 생긴 거야?
B: 사고가 나서 차가 완전히 박살났어.
A: 차를 새로 사야 할 것 같은데.

▶ 흔히 total을 '전체의', '총'이라는 뜻으로 알고 있을 것입니다. total이 동사로 쓰일 때도 '합계해서[총] ~이 되다'라는 뜻으로 사용된 문장 위주로 봤을 텐데요. 차 사고에 대해 말하면서 My car is totaled.라는 표현을 하면 도저히 수리할 수 없을 정도로 '심하게 차가 파손되었다'라는 뜻입니다.　get into a car accident 차 사고가 나다

I don't care ~.

~든 상관없어 신경 쓰고 챙긴다는 동사 care가 사용됐지만, 부정의 의미인 don't가 앞에 오면서 '무엇을 ~하든 난 상관없다'라는 의미가 됩니다. 반대 의미를 말하고 싶으면 I care ~ 또는 I do care ~라고 쓰세요. I do care ~에서 do는 동사 자체의 의미를 강조하는 강조 용법의 do입니다. 그래서 I do care ~는 '난 진짜로 ~에 대해 신경 써'라는 의미의 문장패턴입니다.

I don't care how I look.
내가 어떻게 보이든 상관없어.

> A: You look like a troll.
> B: I don't care how I look.
> A: You should take better care of yourself.

A: 너 괴물처럼 보여.
B: 내가 어떻게 보이든 상관없어.
A: 넌 자기 자신을 좀 더 관리해야 할 것 같아.

▶ troll(트롤)은 북유럽 신화에 등장하는 괴물로 지역에 따라 모습은 다양합니다. take good care of의 비교급인 take better care of는 '~을 더 잘 돌보다'라는 의미입니다.

I don't care how much I spend.
돈이 얼마가 들든 상관없어.

> A: I'm going to buy it all.
> B: That's going to cost a lot!
> A: I don't care how much I spend.

A: 난 그걸 다 살 거야.
B: 돈이 엄청 들 텐데!
A: 돈이 얼마가 들든 상관없어.

▶ cost (값이) 들다, (비용이) ~이다

Are you sure about ~?

~에 대해서 확실해? 어떤 사실이 확실한지 확인할 때 쓰는 문장패턴입니다. "확실해?"라고 영어로 물을 때 Are you sure?라고 하는데, 뒤에 about을 써서 더 구체적인 정보를 물을 수 있습니다.

Are you sure about quitting your job?
정말 직장을 그만둘 거야?

   A: Are you sure about quitting your job?
   B: I'm seriously thinking about it.
   A: How will you pay your bills?

A: 정말 직장을 그만둘 거야?
B: 진지하게 고민 중이야.
A: 각종 공과금은 어떻게 내려고?

▶ seriously 진지하게 pay the bill(s) 공과금을 내다, 돈을 내다

Are you sure about the plans?
모든 계획이 확실한 거지?

   A: The wedding planning is all done!
   B: Are you sure about the plans?
   A: Yes, everything will be perfect.

A: 결혼식 준비 끝!
B: 모든 계획이 확실한 거지?
A: 그럼, 모든 게 완벽할 거야.

What kind of ... do you ~?

어떤 종류[분야]의 …을 ~하니? What kind of ... do you ~?는 어떤 분야[종류]에 대해 상대가 어떤 느낌이나 생각, 태도 등을 갖고 있는지, 또 상대가 특정 분야에서 구체적으로 무엇을 하는지 알고 싶을 때 사용하는 문장패턴입니다.

What kind of music do you listen to?
어떤 음악을 들어?

A: I listen to music when I work out.
B: What kind of music do you listen to?
A: Anything with a good beat.

A: 난 운동할 때 음악을 들어.
B: 어떤 음악을 들어?
A: 리듬이 좋은 것은 뭐든지.

▶ work out 운동하다　beat 리듬, 비트, 박자

What kind of exercise do you do?
어떤 운동을 하는데?

A: You're in great shape!
B: I work out all the time.
A: What kind of exercise do you do?

A: 너 몸매가 끝내준다!
B: 난 늘 운동을 해.
A: 어떤 운동을 하는데?

▶ You're in great shape.는 '너 정말 몸매가 좋구나'라고 상대의 몸[몸매]를 칭찬할 때 쓰는 표현입니다. 열심히 운동해서 모두가 부러워하는 몸매를 가지게 되면 정말 기쁘겠죠?

Why did you ~?

왜 ~했어? 이유를 묻고 따지기 좋아하는 미국인들이 수도 없이 쓰는 문장패턴입니다. 미국인들은 늘 분명하게 이유를 알고 싶어하고, 이유를 물을 권리가 있다는 태도가 기본으로 깔려 있어서 내가 한 일에 대해서까지 피곤할 정도로 "왜?" "왜?" 묻는 경향이 있는 것 같습니다.

Why did you turn down the job?
왜 그 일자리를 거절했어?

   A: Why did you turn down the job?
   B: It didn't pay enough.
   A: It sounded like a good opportunity, though.

   A: 왜 그 일자리를 거절했어?
   B: 급여가 충분하지 않았어.
   A: 하지만 좋은 기회 같았는데.

▶ turn down 거절하다　sound like ~처럼 들리다　opportunity 기회　though (문장 끝에서) 하지만, 그렇지만

Why did you ignore what I said?
너 내 말 왜 무시했어?

   A: I told you not to drive my car!
   B: I know, but I wanted to borrow it.
   A: Why did you ignore what I said?

   A: 내 차 몰지 말라고 했지!
   B: 알아, 근데 좀 빌리고 싶었을 뿐이야.
   A: 너 내 말 왜 무시했어?

▶ ignore 무시하다　borrow 빌리다

Where is ~?

~은 어디에 있지? 장소를 구체적으로 물어볼 때 쓰는 문장패턴이죠. where를 문법용어로 장소를 나타내는 '의문부사'라고 하는데 이런 어려운 용어는 굳이 알 필요 없습니다. 그냥 물건이나 사람이 있는 장소·위치를 물을 때 Where is[are] ~?를 쓴다는 것만 기억하면 됩니다.

Where is my cellphone?
내 핸드폰 어디 있지?

A: Where is my cellphone?
B: I saw it on the counter.
A: Thank you!

A: 내 핸드폰 어디 있지?
B: 계산대 위에 있는 걸 봤어.
A: 고마워!

▶ counter 계산대

Where is your underwear?
당신 속옷 어디 있어?

A: Where is your underwear?
B: I took them off to surprise you.
A: That's a good surprise!

A: 당신 속옷 어디 있어?
B: 당신 놀래주려고 벗었지롱~.
A: 아주 좋은 깜짝 선물인데!

▶ underwear는 '속옷'이고, '옷을 벗다'라고 할 때는 take off를 씁니다.

리얼 패턴 **149**

I'm looking for ~.

~을 찾고 있어 물건을 찾거나 사람을 찾는 등 '~을 찾고 있다'라고 할 때 look for someone[something]을 씁니다.

I'm looking for an engagement ring.
약혼반지를 찾고 있습니다.

A: I'm looking for an engagement ring.
B: Is there a specific style you're looking for?
A: A diamond ring.

A: 약혼반지를 찾고 있습니다.
B: 특별히 찾으시는 스타일이 있나요?
A: 다이아몬드 반지요.

▶ engagement 약혼

I'm looking for a good excuse to leave.
자리를 뜰 수 있는 좋은 핑계를 찾고 있어.

A: I'm looking for a good excuse to leave.
B: Pretend you're sick.
A: That's a good idea!

A: 자리를 뜰 수 있는 좋은 핑계를 찾고 있어.
B: 아픈 척해.
A: 그게 좋겠다!

▶ excuse 핑계, 변명   pretend ~인 척하다

I've never +p.p. ~.

난 한 번도 ~해본 적 없어 당구계의 미녀 스타와 유명 작가와의 결혼이 세상을 뜨겁게 달군 적이 있습니다. 그 미녀 스타는 본인이 모태 솔로라고 했었죠. 이 말인즉, 태어나서 한 번도 애인이 없었다는 말인데요, 이때 쓸 수 있는 문장패턴이 바로 I've never+p.p. ~입니다. 누군가에게 '~해본 적 있어?'라고 물어보고 싶으면 Have you (ever)+p.p. ~?로 물으면 됩니다.

I've never had a boyfriend.
난 지금까지 남자를 사귀어본 적이 없어.

    A: What type of guy is your boyfriend?
    B: I've never had a boyfriend.
    A: Seriously?

       A: 네 남자친구는 어떤 타입의 남자야?
       B: 난 지금까지 남자를 사귀어본 적이 없어.
       A: 진짜?

    ▶ serious는 '진지한', '심각한'이라는 형용사이고 부사형인 seriously '진지하게', '심각하게'라는 의미입니다. 어떤 상황에서 Seriously?라고 묻는 것은 생각지도 못한 얘기를 들었을 때죠.

I've never thought about it.
그런 생각은 한 번도 해본 적 없는데.

    A: Do you want to sleep with her?
    B: I've never thought about it.
    A: Are you kidding me?

       A: 너 그 여자랑 자고 싶어?
       B: 그런 생각은 한 번도 해본 적 없는데.
       A: 농담이지?

    ▶ Are you kidding me?는 가볍게 '농담이지?', '장난이지?'라고 대꾸하는 표현입니다.

I should have+p.p. ~.

~했어야 했는데 내가 과거에 하지 않은 일에 관한 후회를 나타내는 문장패턴입니다. 참고로, You should have+p.p.(너는 ~했어야 했는데)도 같이 알아두세요.

I should have dumped him a long time ago.
그놈을 예전에 찼어야 했는데 말이지.

   A: I broke up with Jake today.
   B: That's good. He sucked.
   A: I should have dumped him a long time ago.

   A: 나 오늘 제이크랑 헤어졌어.
   B: 잘했다. 걔 정말 아니었어.
   A: 그놈을 예전에 찼어야 했는데 말이지.

   ▶ dump (사귀는 사람을) 차다 suck 형편없다, 최악이다

I should have tried harder in class.
수업 시간에 좀 더 열심히 해야 했는데.

   A: I have to take chemistry over again next semester.
   B: That's because you screwed around in class.
   A: I should have tried harder in class.

   A: 다음 학기에 화학과목을 다시 들어야 해.
   B: 수업시간에 열심히 안 듣고 빈둥거려서 그렇지.
   A: 수업 시간에 좀 더 열심히 해야 했는데.

   ▶ 학교에서 수업을 듣거나 수강 신청을 할 때 동사 take를 씁니다. screw around는 '빈둥거리며 돌아다니다'것을 말합니다. in class 수업 중에

Is it okay if ~?

~해도 돼? 허락을 구한답시고 시도 때도 없이 Is it okay if ~?라고 물어보는 사람이 많습니다. 하지 말라면 안 할 것도 아니면서 만날 물어오니 나쁜 놈은 되기 싫어서 웃는 얼굴로 "오케이, 오케이" 하기는 하는데 가끔은 짜증이 날 정도죠.

Is it okay if we're late?
우리가 늦어도 돼?

> A: Is it okay if we're late?
> B: Why are you going to be late?
> A: Traffic is really bad in the city.

A: 우리가 늦어도 돼?
B: 왜 늦을 것 같은데?
A: 도심은 교통체증이 심하잖아.

▶ Traffic is bad. 교통 상황이 나쁘다

Is it okay if we get a puppy?
강아지를 사도 될까?

> A: Can we get a cat?
> B: No, I'm allergic to cats.
> A: Is it okay if we get a puppy?

A: 우리 고양이 한 마리 살 수 있어?
B: 안 돼, 나 고양이 알레르기가 있어.
A: 그럼 강아지를 사도 될까?

▶ puppy 강아지　be allergic to ~에 알레르기가 있다

I'm worried about ~.

난 ~이 걱정돼 '나 ~이 걱정돼'라고 할 때 I'm worried about ~ 또는 I'm so worried about ~으로 말합니다. 누가 나에게 I'm worried about you(네가 걱정돼).라고 하면 감동이죠. 그런데 미국사람들은 한국인보다 오버하는 경향이 강해요. 그러니 그들의 말랑말랑한 멘트는 반만 믿으세요.

I'm worried about you.
난 네가 걱정돼.

A: I'm worried about you.
B: Worrying about me? Why?
A: You don't look like you feel well.

A: 난 네가 걱정돼.
B: 내 걱정을 한다고? 왜?
A: 네 몸 상태가 나쁜 것 같아서.

I'm worried about my finances.
내 재정상태가 걱정돼.

A: I'm worried about my finances.
B: Do you have any money saved up?
A: No, I have nothing.

A: 내 재정상태가 걱정돼.
B: 돈 저금해둔 건 있어?
A: 아니, 한 푼도 없어.

▶ finance 재정   save up (돈을) 모으다

I didn't mean to ~.

~한 의도는 아니었어 오해가 쌓이면 그 오해를 풀어야겠죠? '내 말은 ~한 뜻이 아니었다', '~한 의도로 한 말은 아니다'라는 말을 잽싸게 해야 하는데 이때 I didn't mean to ~ 를 쓰면 됩니다. to 뒤에 동사원형을 써야 한다는 점을 기억해두세요.

I didn't mean to scare you.
당신을 놀라게 하려고 했던 건 아니야.

A: You called me 6 times!
B: I didn't mean to scare you.
A: I thought something had happened.

A: 당신 나한테 6번이나 전화했잖아!
B: 당신을 놀라게 하려고 했던 건 아니야.
A: 무슨 일이 일어난 줄 알았어.

▶ scare 놀라게 하다, 겁주다

I didn't mean to hurt you.
너에게 상처 주려고 한 건 아니었어.

A: I didn't mean to hurt you.
B: You lied to me.
A: Can you forgive me?

A: 너에게 상처 주려고 한 건 아니었어.
B: 넌 내게 거짓말을 했어.
A. 널 용서해줄래?

▶ hurt 아픔을 느끼게 하다, 다치게 하다

Are you done with ~?

~이 끝났니? 어떤 일을 끝냈는지 물어볼 때 쓰는 문장패턴입니다.
더 줄여서 간단히 Done?이나 Finished?라고도 묻습니다.

Are you done with the project?
프로젝트 다 끝났어요?

A: Are you done with the project?
B: Not yet, but I'm close.
A: Will you let me know when it's completed?

A: 프로젝트 다 끝났어요?
B: 아직요. 근데 거의 다 끝나가요.
A: 다 끝나면 알려줄래요?

▶ close는 '가까운'이라는 뜻 말고도 '거의 ~을 할 것 같은'이라는 뜻도 있습니다.
complete 완료하다, 끝내다

Are you done with him?
너 걔랑 끝난 거야?

A: I can't stand Ryan anymore!
B: Are you done with him?
A: Yes, we are so over! I'm going to break up with him tonight.

A: 난 더는 라이언을 못 참겠어!
B: 너 걔랑 끝난 거야?
A: 응, 우린 완전히 끝났어! 오늘 밤에 그 인간과 헤어질 거야.

▶ stand 참다, 견디다 be over 끝나다

It's not easy to ~.

~하는 것은 쉽지 않아 easy는 '쉬운'이라는 뜻인데 그 앞에 부정의 not(않다, 아니다)이 붙었습니다. '~을 하기가 쉽지 않다'라는 의미가 되겠죠.

It's not easy to get up early.
일찍 일어나는 게 쉽지 않아.

- A: I can't exercise in the morning.
- B: Why not? It's the best time!
- A: It's not easy to get up early.

A: 난 아침에 운동 못 하겠어.
B: 왜? 그때가 운동하기에 제일 좋은 시간인데!
A: 일찍 일어나는 게 쉽지 않아.

It's not easy to sit at a desk all day.
온종일 책상 앞에 앉아있는 게 쉬운 일은 아니에요.

- A: It's not easy to sit at a desk all day.
- B: I like working on my feet.
- A: I wish I could!

A: 온종일 책상 앞에 앉아있는 게 쉬운 일은 아니에요.
B: 전 돌아다니면서 일하는 것을 좋아합니다.
A: 저도 그럴 수 있으면 좋겠네요!

▶ on *one's* feet는 '(일어)서서', '(병이) 다 나아서', '(경제적으로) 독립해서' 등 여러 의미를 가진 표현입니다. 이것을 보아 work on my feet는 가만히 책상 앞에 앉아 일하는 게 아니라 여기저기 돌아다니며 일하는 모습을 묘사하는 표현이라는 것을 알 수 있습니다.

I have trouble V-ing ~.

~하는 게 힘들어 세상에는 수많은 음치, 길치, 몸치들이 있습니다. 그리고 Mississippi(미시시피 주)처럼 별로 어렵지도 않은 영어철자를 꼭 틀리는 사람도 있지요. 이런 사람은 자기에 관해 말할 때 이 I have trouble V-ing ~를 기억했다가 써먹기 바랍니다.

I have trouble spelling.
철자 쓰고 말하는 게 힘들어.

    A: I have trouble spelling.
    B: You should use spell-check.
    A: I always do!

    A: 철자 쓰고 말하는 게 힘들어.
    B: 철자 검사 프로그램을 사용해봐.
    A: 항상 사용해!

I have trouble driving after dark.
난 어두워지면 운전하는 게 힘들어.

    A: Can you drive tonight?
    B: Why can't you?
    A: I have trouble driving after dark.

    A: 오늘 밤에 당신이 운전할 수 있어?
    B: 당신은 왜 못해?
    A: 난 어두워지면 운전하는 게 힘들어.

I'm tired of ~.

~하는 게 지겨워 I'm tire of someone[something].은 사람이나 물건에 대해 진절머리가 나도록 지겹다는 것을 나타낼 때 쓰는 문장패턴입니다. tired 대신 sick을 넣어서 I'm sick of ~라고 쓰면 의미는 더욱 강해지죠. 두 번 다시 보고 싶지 않을 정도로 질렸다는 의미입니다.

I'm tired of dieting.
다이어트하는 것도 이젠 지겨워.

    A: I'm tired of dieting.
    B: Have you lost any weight?
    A: Just a few pounds.

    A: 다이어트하는 것도 이젠 지겨워.
    B: 살은 좀 빠졌어?
    A: 몇 파운드 정도.

    ▶ lose weight 살이 빠지다   pound는 미국에서 쓰는 무게 단위로 1 pound는 0.454킬로그램입니다.

I'm tired of you bossing me around!
네가 이래라저래라 날 쥐고 흔드는 거 진저리가 나!

    A: Are you mad at me?
    B: I'm tired of you bossing me around!
    A: I didn't think I was.

    A: 나한테 화났어?
    B: 네가 이래라저래라 날 쥐고 흔드는 거 진저리가 나!
    A: 내가 그러고 있다곤 생각도 못 했어.

    ▶ boss의 뜻을 직장 상사인 '보스'로만 알고 있는 사람이 많은데, 동사로 써서 boss someone around라고 하면 '~을 쥐고 흔들다'라는 표현입니다. 보스는 이래라저래라 지시를 내리는 사람이니 쉬고 흔든다는 의미가 잘 이해되죠?

I'm interested in ~.

~에 흥미[관심]가 있어 관심 있는 분야나 사람에 관해 말할 때 쓰는 문장패턴입니다.

I'm interested in Sue.
난 수에게 관심 있어.

    A: I'm interested in Sue.
    B: I think she likes you, too.
    A: Seriously?

    A: 난 수에게 관심 있어.
    B: 걔도 널 좋아하는 것 같던데.
    A: 정말?

I'm interested in science and math.
난 과학과 수학에 흥미가 있어.

    A: What are you going to major in at college?
    B: I'm not sure yet. You?
    A: I'm interested in science and math.

    A: 대학에서 뭘 전공할 거야?
    B: 아직 안 정했어. 넌?
    A: 난 과학과 수학에 흥미가 있어.

▶ major in ~을 전공하다

I'm here ~.

~하러 왔어 누구를 보러 왔다고 할 때 보통은 I came to see someone이라고 동사 come(오다)을 써서 문장을 만들 것입니다. 그러나 이 I'm here ~을 알면 좀 더 미국인처럼 표현할 수 있습니다. I'm here to talk(얘기 좀 하러 왔어)라든가 I'm here to see my wife(내 마누라를 만나러 왔지).처럼 말해보세요.

I'm here to talk.
얘기 좀 하러 왔어.

    A: I'm here to talk.
    B: About what?
    A: Our relationship.

    A: 얘기 좀 하러 왔어.
    B: 무슨 얘기?
    A: 우리 관계에 대해서.

    ▶ relationship 관계

I'm here for your apology.
네 사과를 받으러 왔어.

    A: I'm here for your apology.
    B: I'm not apologizing.
    A: I'm not leaving until you do!

    A: 네 사과를 받으러 왔어.
    B: 난 사과 안 해.
    A: 네가 사과할 때까지 나 안 가!

    ▶ apology는 사과, apologize는 '사과하다'입니다. 참고로, I owe you an apology for ~는 '~에 관해 당신에게 사과할 게 있다'라는 표현입니다.

I heard you V-ing ~.

네가 ~하는 소리를 들었어 '나 네가 우는 소리를 들었어'와 '나 네가 싸우는 소리를 들었어'라는 문장을 한국인이 영어로 말할 때 열에 여덟은 I heard you are crying. 그리고 I heard you fight.로 잘못 말합니다. I heard you 뒤에 동사ing형을 쓴다는 것을 잊지 맙시다.

I heard you crying.
네가 우는 소리를 들었어.

   A: I heard you crying.
   B: Mike broke up with me.
   A: What a jerk!

   A: 네가 우는 소리를 들었어.
   B: 나 마이크랑 깨졌어.
   A: 멍청한 놈이군!

  ▶ jerk 바보, 멍청이

I heard you fighting.
네가 싸우는 소리를 들었거든.

   A: Are you okay?
   B: I think so, why?
   A: I heard you fighting.

   A: 너 괜찮아?
   B: 응, 근데 왜?
   A: 네가 싸우는 소리를 들었거든.

I'm calling about ~.

~때문에 전화했어 전화 건 용건을 말할 때 쓰는 문장패턴입니다.
'~때문에[하려고] 전화 드렸어요'라고 할 때 앞으로는 I'm calling about ~ 패턴을 써서 말해봅시다.

I'm calling about the job.
일자리 때문에 전화 드렸습니다.

  A: Hello, can I help you?
  B: I'm calling about the job.
  A: We've already filled the position.

  A: 여보세요. 무엇을 도와드릴까요?
  B: 일자리 때문에 전화 드렸습니다.
  A: 벌써 구했는데요.

  ▶ fill (공석·결원을) 보충하다, (지위를) 맡다

I'm calling about ordering a pizza.
피자를 주문하려고 전화했어요.

  A: How can I help you?
  B: I'm calling about ordering a pizza.
  A: Which one do you want to order?

  A: 무엇을 도와드릴까요?
  B: 피자를 주문하려고 전화했어요.
  A: 어떤 피자로 주문하시겠어요?

What if ~?

~하면 어떡하지? 예전에 유명한 영화가 있었는데 그 제목이 What if(웟이프)...였습니다. 어떤 상황을 가정해서 '~하면 어쩌지[어떡하지]?'라는 의미입니다.

What if this doesn't work?
만일 이게 효과가 없으면 어쩌지?

A: What if this doesn't work?
B: I think it will work.
A: But what if it doesn't?

A: 만일 이게 효과가 없으면 어쩌지?
B: 효과가 있을 거야.
A: 하지만 없다면?

▶ work 효과가 있다, 잘 듣다, (기계가) 작동하다

What if he leaves me?
그이가 날 떠나면 어떡하지?

A: What if he leaves me?
B: Why would he leave you?
A: Maybe I'm not good enough for him.

A: 그이가 날 떠나면 어떡하지?
B: 그 사람이 널 왜 떠나?
A: 아마도 난 그이에게 부족할 테니까.

▶ 일어나지 않은 상황을 가정하는 것이므로 would를 써서 Why would he leave you?를 쓴 것에 주의합니다. be not good enough 탐탁하지 않다

If I were you, I would ~.

내가 너라면 난 ~할 텐데 I wish I could ~과 함께 회화에서 많이 쓰는 가정법 패턴입니다. 미국인들이 말할 때 많이 쓰는 문장패턴 중 하나니까 그냥 무조건 외우세요.

If I were you, I would marry him.
내가 너라면 난 그 남자와 결혼할 텐데.

A: If I were you, I would marry him.
B: I don't think I love him.
A: But he makes really good money.

A: 내가 너라면 난 그 남자와 결혼할 텐데.
B: 난 그 사람을 사랑하지 않는 것 같아.
A: 하지만 그 사람이 돈을 많이 벌잖니.

▶ make good money 돈을 많이 벌다

If I were you, I would ask for a raise.
내가 당신이라면 연봉을 올려달라고 할 거예요.

A: I can't afford my bills.
B: If I were you, I would ask for a raise.
A: I'm thinking about it.

A: 전 공과금도 못 내요.
B: 내가 당신이라면 연봉을 올려달라고 할 거예요.
A: 저도 그럴 생각입니다.

▶ raise (임금·물가 등의) 인상   bill 고지서, 청구서

● 주어진 우리말에 맞게 빈칸을 알맞게 채우세요.

1. _____ _____ my boyfriend.
이쪽은 내 남친.

2. _____ _____ _____ color?
네가 가장 좋아하는 색깔이 뭐야?

3. _____ _____ _____ _____ this?
너 (이 문제에 관해서) 괜찮아?

4. _____ _____ _____ many reasons I love her. 내가 그 여자를 사랑하는 데는 아주 많은 이유가 있지.

5. _____ _____ _____ _____ this project tonight. 오늘 밤에 이 프로젝트를 마쳐야 하거든.

6. _____ _____ _____ _____ you something. 당신에게 할 말이 있어.

7. _____ _____ _____ _____ _____ out today? 오늘 운동할 거야?

8. _____ _____ _____ poems.
난 시 쓰는 걸 좋아해.

정답 1. This, is   2. What's, your, favorite   3. Are, you, okay, with
4. There, are, so   5. I, need, to, finish   6. I, have, to, tell
7. Are, you, going, to, work   8. I, like, writing

9 _____ _____ _____ _____ some wine. 와인이나 좀 마시고 싶다.

10 _____ _____ _____ mad at John. 나 존한테 좀 열받았어.

11 _____ _____ _____ . 나 슬슬 졸려.

12 _____ _____ it's _____ rain. 비가 올 것 같은데.

13 _____ _____ _____ I can afford it. 내 형편엔 무리인 것 같아.

14 _____ _____ work early? 오늘 일찍 퇴근해도 될까요?

15 _____ _____ it! 믿을 수가 없는걸!

16 _____ _____ she loves him so much. 걔가 그 남자를 그토록 사랑하는 이유가 바로 그것 때문이구나.

17 _____ _____ _____ _____ you _____ help me. 날 좀 도와줬으면 해서.

---

9. I, feel, like, drinking 10. I'm, kind, of 11. I'm, getting, sleepy
12. I, think, going, to 13. I, don't, think 14. Can, I, leave
15. I, can't, believe 16. That's, why 17. I, was, wondering, if, could

167

18 _____ tomorrow?
내일 어때?

Would 19 _____ take a day off? 하루 쉴래요?

20 _____ warm.
옷을 꼭 따뜻하게 입어.

21 _____ pick up the kids. 아이들 픽업하는 것 잊지 마요.

22 _____ you'd _____ apologize.
네가 사과하는 게 좋을 것 같아.

23 _____ the subway. 내가 너더러 지하철 타라고 했잖아.

24 _____ lying. 난 네가 거짓말 좀 그만하면 좋겠어.

25 _____ busy? 너 왜 그렇게 바빠?

26 _____ I _____ any longer. 미안하지만 더 있을 수가 없어요.

---

18. How, about   19. you, like, to   20. Make, sure, to, dress
21. Don't, forget, to   22. I, think, better   23. I, told, you, to, take
24. I, want, you, to, stop   25. Why, are, you, so   26. I'm, sorry, can't, stay

27 Thank you for the ride. 태워줘서 고마워요.

28 That would be nice of you. 그렇게 해주면 정말 고맙고. / 그렇게 해준다면 넌 진짜 좋은 사람이야.

29 What are you talking about? 지금 무슨 말을 하는 거예요?

30 I'm trying to get a new job. 새 일자리를 찾으려고.

31 Do you know who I am? 너 내가 누군지 알아?

32 I like your sense of humor. 당신의 유머 감각이 마음에 들어요.

33 You look good in that color. 넌 그 색깔이 잘 어울려.

34 It looks like she broke up with Mark. 걔 마크랑 깨진 것 같던데.

35 I don't care how much I spend. 돈이 얼마가 들든 상관없어.

36 _____ you _____ _____ your job? 정말 직장을 그만둘 거야?

37 _____ _____ _____ exercise _____ ?

어떤 운동을 하는데?

38 _____ _____ _____ about it.

그런 생각은 한 번도 해본 적 없는데.

39 _____ _____ _____ him a long time ago. 그놈을 예전에 찼어야 했는데 말이지.

40 _____ _____ _____ we get a puppy? 강아지를 사도 될까?

41 _____ _____ _____ you.

난 네가 걱정돼.

42 _____ _____ _____ hurt you. 너에게 상처 주려고 한 건 아니었어.

43 _____ _____ _____ the project? 프로젝트 다 끝났어요?

36. Are, sure, about, quitting 37. What, kind, of, do, you, do
38. I've, never, thought 39. I, should, have, dumped
40. Is, it, okay, if 41. I'm, worried, about 42. I, didn't, mean, to
43. Are, you, done, with

170

44

get up early. 일찍 일어나는 게 쉽지 않아.

45

after dark. 난 어두워지면 운전하는 게 힘들어.

46   you
me   ！네가 이래라저래라 날 쥐고 흔드는 거 진저리가 나!

47   Sue.
난 수에게 관심 있어.

48   talk.
얘기 좀 하러 왔어.

49   .
네가 우는 소리를 들었어.

50   the job.
일자리 때문에 전화 드렸습니다.

51   he leaves me?
그이가 날 떠나면 어떡하지?

52   ,
I   marry him.   내가 너라면 넌 그 남자와 결혼할 텐데.

---

44. It's, not, easy, to   45. I, have, trouble, driving
46. I'm, tired, of, bossing, around   47. I'm, interested, in
48. I'm, here, to   49. I, heard, you, crying   50. I'm, calling, about
51. What, if   52. If, I, were, you, would

171

Real
English
Expressions

CHAPTER 3

통째로 외워 쓰는
리얼 익스프레션

「CHAPTER 3 통째로 외워 쓰는 리얼 익스프레션」에서는 흔히 겪는 100개의 상황에서 원어민이 정말 많이 쓰는 리얼표현을 4개씩 정리했습니다. 이제 상황별 맞춤 표현을 바로바로 말해봅시다.

통째로 외워 쓰는 리얼 익스프레션

만나고 헤어지고

●

우리나라 사람들이 영어로 인사는 잘한다고 하는데, 주위를 둘러 보면 인사도 제대로 하는 사람이 별로 없는 것 같습니다. Hi! 외에는 자신 있게 하는 사람을 많이 못 보았는데요, 인사만 제대로 할 줄 알아도 상대에게 좋은 인상을 심어주고 점수를 딸 수 있으니 사회생활의 기초가 되는 만나서 인사하기부터 제대로 아는 게 좋겠죠. 앵무새처럼 Hi. / Bye. / See you tomorrow. / Long time no see.만 주구장창 반복할 게 아니라 사람을 만나고 헤어질 때 쓰는 다양한 인사표현을 상황에 맞게 알아봅시다. 그리고 여러 번 따라 말하면서 자기 것으로 만들기 바랍니다.

How are you doing?

잘 지내니? 미국사람들이 친구나 지인을 만났을 때 가장 많이 쓰는 인사말은 무엇일까요? 가장 일반적인 것이 How are you doing?일 것입니다. What's up?이나 How's it going?도 자주 쓰는 표현이죠.

What's up?
잘 지냈어? / 안녕! / 무슨 일이야?

    A: What's up, Bro?
    B: What's up?
    A: Hey, I'm having a party on Friday. You should come!

    A: 친구, 잘 지냈어?
    B: 안녕!
    A: 야, 나 금요일에 파티할 건데, 네가 와야지!

    ▶ be around 부근에 있다

How's it going?
잘 지내니?

    A: How's it going?
    B: Great! Work has been fun.
    A: That's good!

    A: 잘 지내니?
    B: 잘 지내! 일도 재밌고.
    A: 좋네!

Hey there!
야, 안녕!

    A: Hey there!
    B: Hi Mike! How have you been?
    A: I've been doing great!

    A: 야, 안녕!
    B: 안녕, 마이크! 잘 지냈니?
    A: 난 잘 지내고 있어!

Long time, no see!

진짜 오랜만이다! 길거리에서 우연히 몇 년 만에 친구나 지인을 만났을 때 "진짜 반갑다!"나 "이게 누구야, 정말 오랜만이다!"라고 말하죠? 영어로는 Long time, no see!를 자주 씁니다. 참고로, 오랜만에 메일을 쓰거나 할 때 Long time, no write!라고 합니다.

I haven't seen you for a long time.
정말 오랜만이다.

    A: I haven't seen you for a long time.
    B: I know! What have you been up to?
    A: I just graduated. How about you?

    A: 야 정말 오랜만이다.
    B: 그러게! 그동안 어떻게 지냈어?
    A: 방금 졸업했어. 넌?

I haven't seen you in years.
이게 몇 년 만이지?

    A: Hey Mike! I haven't seen you in years.
    B: It's been awhile! How have you been?
    A: Really good! You?

    A: 이봐, 마이크! 이게 몇 년 만이지?
    B: 좀 됐지! 어떻게 지냈어?
    A: 잘 지냈지! 넌?

    ▶ in years 몇 년 동안이나　awhile 잠시, 얼마

How have you been?
어떻게 지냈어?

    A: How have you been?
    B: Not good. My husband left me.
    A: I'm so sorry to hear that.

    A: 어떻게 지냈어?
    B: 잘 못 지냈어. 남편이 날 떠났거든.
    A: 저런, 뭐라 할 말이 없네.

What a surprise to meet you here!

널 여기서 만나다니! 아는 사람을 오랜만에 만났을 때 Is that you(너니)? 나 I never thought I'd see you here(여기서 널 만날 거라곤 상상도 못 했다)!라고 하면서 호들갑을 떨어주면 좋아하겠죠?

I never thought I'd see you here!
널 여기서 보게 될 줄 정말 생각도 못 했다!

A: I never thought I'd see you here!
B: I don't usually come to this bar.
A: I'm glad you did. It's good to see you.

A: 널 여기서 보게 될 줄 정말 생각도 못 했다!
B: 난 원래 이 바에 자주 안 오는데.
A: 네가 와서 정말 좋다. 여기서 보니 진짜 반가워.

What have you been up to?
너 어떻게 지냈어? / 너 뭐하면서 지내니?

A: What have you been up to?
B: I took over the family business. You?
A: I'm still teaching.

A: 너 어떻게 지냈어?
B: 난 가업을 이어받았지. 넌?
A: 난 아직도 가르치고 있어.

▶ take over 인수하다, 인계하다, 이어받다 family business 가업

I've been meaning to call you.
(그러잖아도) 전화하려고 했었는데.

A: It's been a long time!
B: I've been meaning to call you.
A: Me, too! I'm getting married!

A: 정말 오랜만이네!
B: 그러잖아도 전화하려고 했었는데.
A: 나도 그래! 나 결혼해!

Good.

잘 지내. How are you doing?이라는 질문을 받으면 자동반사로 Fine, thank you. And you?라고 하죠. 20년 전이나 지금이나 거의 변함이 없습니다. 이제 인사에 대한 답변을 다양하게 해봅시다.

Just fine.
잘 지냈어. / 잘 지내.

    A: How have you been?
    B: Just fine.
    A: I've missed you so much.

    A: 잘 지냈어?
    B: 잘 지냈어.
    A: 진짜 보고 싶었어.

Great!
좋습니다! / 아주 좋아요!

    A: How's your new job?
    B: Great! I have my own office.
    A: That's awesome!

    A: 새 일 어때요?
    B: 좋습니다! 내 사무실도 있고.
    A: 정말 잘 됐네요!

Not bad.
뭐, 그냥 그렇지.

    A: How's it going?
    B: Not bad. How about you?
    A: Just so-so.

    A: 어찌 지내?
    B: 뭐, 그냥 그렇지. 넌 어떻게 지내?
    A: 나도 그저 그래.

    ▶ '그저 그렇게 지낸다'라고 할 때 Just so-so.라고도 많이 말합니다.

I'm so happy these days.

요즘 정말 행복해. 잘 지내고 있고 행복하다고 할 때 Couldn't be better.나 Life's been good.처럼도 말해봅시다.

Couldn't be better.
이보다 더 좋을 수 없어. / 정말 최고야.

    A: Luke, how's everything?
    B: Fantastic. Couldn't be better!
    A: I'm glad to hear that!

    A: 루크, 어떻게 지내?
    B: 아주 좋아. 정말 최고야!
    A: 그렇다니 잘됐다!

Life's been good to me.
잘 지내고 있어. / 인생이 즐거워.

    A: Hey Mike, you seem really happy.
    B: Life's been good to me.
    A: That's awesome!

    A: 안녕, 마이크. 너 아주 좋아 보인다.
    B: 잘 지내고 있어.
    A: 그거 잘됐네!

I'm on cloud nine.
너무 행복해.

    A: Sarah, I heard you're expecting?
    B: I am! I'm on cloud nine.
    A: I bet. You look wonderful.

    A: 사라, 곧 출산한다며?
    B: 응! 너무 행복해.
    A: 왜 아니겠어. 좋아 보인다.

    ▶ be expecting 출산이 멀지 않다, 임신 중이다   be on cloud nine 엄청나게 행복하다
    I bet. 왜 안 그렇겠어. 확실하네.

I'm very busy.

진짜 바빠. 일반적으로 바쁘다고 할 때 I am (very) busy.라고 합니다.
밑에 나오는 '엉덩이 긁을 시간도 없을 정도로 바쁘다'라는 I don't have time to scratch my ass.는 아주 편한 사이에 쓸 수 있습니다.

I don't have time to breathe.
눈코 뜰 새 없이 바빠. / 숨돌릴 틈도 없이 바빠.

    A: What's your schedule like today?
    B: It's completely full.
    A: Me too. I don't have time to breathe.

    A: 오늘 네 일정은 어떻게 돼?
    B: 완전히 꽉 차 있어.
    A: 나도 그런데. 정말 눈코 뜰 새 없이 바빠.

I'm swamped.
완전 바쁘게 지내. / 정말 바빠.

    A: How has work been going?
    B: I'm swamped.
    A: I think you need better time-management skills.

    A: 어떻게 지냈어?
    B: 완전 바쁘게 지내.
    A: 더 효율적으로 시간 관리를 해야겠다.

    ▶ swamped 눈코 뜰 새 없이 바쁜

I don't have time to scratch my ass.
숨돌릴 틈도 없이 바빠.

    A: I've been busy for weeks!
    B: How busy?
    A: I don't have time to scratch my ass.

    A: 난 몇 주 내내 바빠!
    B: 얼마나 바빴는데?
    A: 숨돌릴 틈도 없이 바빠.

    ▶ ass는 '엉덩이', '궁둥이'라는 뜻이 있는데 '항문'을 뜻하는 asshole은 '멍청한 놈'이라는 욕으로 많이 사용합니다.

Hi! I'm Jason.

안녕! 난 제이슨이라고 해. 자기소개를 할 때 앞으로는 간단히 Hi! I'm ~이라고 말해봅시다. 파티에 가서 마음에 드는 이성에게 다가가 던지는 첫 멘트로도 적절하겠죠?

Mind if I join you?
합석해도 될까요?

    A: Are you here alone?
    B: I am.
    A: Mind if I join you?

    A: 혼자 오셨어요?
    B: 네.
    A: 합석해도 될까요?

    ▶ alone 홀로, 혼자

Great party, huh?
멋진 파티죠?

    A: Great party, huh?
    B: It's a ton of fun.
    A: Do you want to dance?

    A: 멋진 파티죠?
    B: 정말 재미있어요.
    A: 춤추실래요?

    ▶ a ton of 많은, 엄청난

Lousy weather, isn't it?
날씨가 엉망이네요, 그렇죠?

    A: Lousy weather, isn't it?
    B: The rain is ruining the picnic.
    A: It's supposed to stop soon.

    A: 날씨가 엉망이네요, 그렇죠?
    B: 비가 와서 소풍을 망쳤어요.
    A: 곧 멈출 거라던데요.

    ▶ lousy 안 좋은, 엉망인   ruin 망치다

This is my friend John.

이쪽은 내 친구 존이야. 이제 사람을 소개할 때 I'd like to introduce ~라는 격식 갖춘 표현 말고도 간단히 Do you know Mark(마크를 아나요)? 또는 This is Mark(이쪽은 마크야)!처럼 말해봅시다.

Jane, do you know Mark?
제인, 너 마크를 아니?

A: Jane, do you know Mark?
B: Yes! We used to date.
A: What a small world!

A: 제인, 너 마크를 아니?
B: 그럼! 우린 예전에 사귀던 사이야.
A: 세상 참 좁다!

▶ used to+동사원형 (과거에) ~하곤 했다   What a small world! 세상 참 좁다!

I want you to meet my coworker Tina.
이쪽은 제 동료인 티나입니다.

A: Mr. Gray! I want you to meet my coworker Tina.
B: Hello, Tina. How are you?
C: Fine, nice to meet you.

A: 그레이 씨, 이쪽은 제 동료인 티나입니다.
B: 안녕하세요, 티나 씨. 처음 뵙겠습니다.
C: 안녕하세요. 만나서 반갑습니다.

▶ coworker 동료   How are you? 처음 뵙겠습니다. 어떻게 지내?

I've heard so much about you.
(그쪽에 관한) 얘기 정말 많이 들었어요.

A: Hi Sarah, I'm Mike's mom. I've heard so much about you.
B: It's nice to meet you!

A: 사라 양, 안녕하세요! 난 마이크 엄마예요. 얘기 정말 많이 들었어요.
B: 만나 뵙게 되어서 반갑습니다!

▶ 아무개를 통해 상대방에 관해 얘기 많이 들었다고 할때 He has told me a lot about you.처럼 말할 수도 있습니다.

Nice to meet you!

만나서 반가워! 처음 만나서 반갑다고 할 때 맨날 Nice to meet you!만 쓰지 말고 I'm so happy to meet you!처럼도 말해봅시다. 공식적인 자리에서 쓰는 I am pleased to make your acquaintance.를 알고 있으면 영어 잘한다는 소리를 들을 수가 있습니다.

I'm so happy to meet you.
만나서 정말 반가워.

    A: This is my boyfriend, Tom.
    B: Hi Tom. I'm so happy to meet you.
    C: It's nice to finally meet you, too!

    A: 이쪽은 내 남친인 톰이야.
    B: 안녕, 톰. 만나서 정말 반가워.
    C: 마침내 만나게 됐군! 나도 반가워.

It's a pleasure to meet you.
만나서 기뻐요.

    A: It's a pleasure to meet you.
    B: Same here!
    A: Would you like to join us for lunch?

    A: 만나서 기뻐요!
    B: 저도요!
    A: 저희와 함께 점심 드실래요?

I am pleased to make your acquaintance.
만나 뵙게 되어서 정말 영광입니다.

    A: Have we met before?
    B: I don't think so.
    A: I am pleased to make your acquaintance.

    A: 우리 전에 만난 적 있나요?
    B: 글쎄요.
    A: 만나 뵙게 되어서 정말 영광입니다.

▶ acquaintance 지인, 아는 사람

Haven't we met before?

우리 전에 만난 적 있죠? 전에 본 적 있는지 확인하고 싶을 때 쓰는 표현을 알아봅시다. 이성에게 작업을 걸 때 써도 좋은 표현입니다.

You look familiar.
낯이 익어서요.

A: Haven't we met before?
B: I don't think so.
A: Are you sure? You look familiar.

A: 우리 전에 어디선가 만나지 않았나요?
B: 아닌 것 같은데요.
A: 확실해요? 낯이 익어서요.

▶ familiar 낯익은, 친숙한

I think I know you.
제가 아는 분인 것 같군요. / 어디선가 뵌 것 같은데요.

A: I think I know you.
B: Didn't we meet at Courtney's party last month?
A: That's it! I knew we'd met before.

A: 제가 아는 분인 것 같군요.
B: 우리 지난달 코트니가 연 파티에서 만나지 않았나요?
A: 그렇네요! 우리가 전에 만난 적이 있다고 생각했어요.

▶ That's it.은 '바로 그거야'라는 의미의 표현입니다.

Don't I know you from somewhere?
어디선가 뵌 적이 있죠?

A: Don't I know you from somewhere? Your face looks so familiar.
B: I don't think so.

A: 어디선가 뵌 적이 있죠? 낯이 많이 익은데요.
B: 글쎄요.

Bye.

안녕. 가장 흔한 작별 인사는 Bye!입니다. 일상적인 대화에서는 Good bye!를 잘 안 씁니다. Good bye.라고 하면 비장하달까, 좀 올드하고 딱딱한 느낌이 들거든요. Bye now(그럼, 안녕)!라는 인사도 알아둡시다.

See you later.

이따 보자. / 다음에 (또) 보자.

A: Are you going to be in the library this afternoon?
B: Yes, will you be there?
A: Yes! See you later.

A: 오늘 오후에 도서관에 있을 거니?
B: 응, 너 도서관에 올 거야?
A: 어! 이따 보자.

▶ '이따가 보자'는 Catch you later.라고도 합니다. See you later.를 '다음에 또 보자'라는 의미로 쓸 때는 직장 동료처럼 내일 만나는 게 정해져 있는 경우입니다. 보통 '안녕, 다음에 또 보자'는 간단히 See you.라고 말합니다.

Take care.

잘 지내요.

A: Thanks again for dinner.
B: It was nice spending time with you.
A: I agree! Take care.

A: 저녁 사주셔서 다시 한 번 고마워요.
B: 함께 시간을 보내게 되어서 좋았어요.
A: 저도요! 잘 지내요.

Nice meeting you.

만나서 반가웠어요.

A: I guess it's time for me to leave.
B: Nice meeting you.
A: Same here. It would be great to see you again.

A: 이제 떠나야 할 시간인 것 같네요.
B: 만나서 반가웠어요.
A: 저도요. 다음에 또 뵈면 좋겠네요.

I'll be in touch.

연락할게. 헤어지면서 계속 연락하고 지내자고 할 때 Let's keep in touch. 또는 I'll be in touch.를 쓰면 됩니다. 요즘 같은 스마트폰 시대에는 Text me.라고 해도 되겠죠.

Let's keep in touch.
연락하고 지내자.

A: Don't forget about me!
B: You're unforgettable! Let's keep in touch.
A: Definitely! I'll email you.

A: 날 잊지 마!
B: 널 어떻게 잊어! 연락하고 지내자.
A: 물론이지! 이메일 보낼게.

▶ Definitely!는 질문에 대한 강한 긍정의 표현으로 '물론이지', '당연하지'로 해석합니다. unforgettable 잊을 수 없는, 잊지 못할

Call when you get there.
도착하면 전화해.

A: I wish you weren't leaving.
B: I'll be in touch.
A: Call when you get there.

A: 네가 안 떠나면 좋겠어.
B: 연락할게.
A: 도착하면 전화해.

Text me.
문자해.

A: I'd really like to see you again.
B: Me too. Do you want to go out for drinks next week?
A: Yes! Text me.

A: 나 진짜 널 또 만나고 싶어.
B: 나도. 다음 주에 술 마시러 갈까?
A: 그래! 문자해.

▶ go out 외출하다, 나가다 drink 술, 음료

Weather
날씨

- sunny 날이 맑은
- foggy 안개가 낀
- freezing 추운
- hot 더운
- rainy 비가 오는
- cloudy 구름이 낀
- overcast 잔뜩 흐린, 우중충한
- windy 바람이 부는
- muggy 후덥지근한
- humid 습한
- humidity 습도
- temperature 온도, 기온
- forecast 예보
- precipitation 강우, 강수량
- gust 세찬 바람, 돌풍
- blizzard 눈보라, (넓은 지역에 상기긴 내리는) 폭설
- thunderstorm 뇌우
- tornado 토네이도, 회오리바람

● 주어진 우리말에 맞게 빈칸을 알맞게 채우세요.

¹ _____ you _____ ?
잘 지내니?

I ² _____ you _____ .
이게 몇 년 만이지?

How ³ _____ ?
어떻게 지냈어?

⁴ _____ call you. (그러잖아도) 전화하려고 했었는데.

⁵ _____ be _____ .
이보다 더 좋을 수 없어. / 정말 최고야.

I'm ⁶ _____ .
너무 행복해.

⁷ _____ you? 합석해도 될까요?

I don't ⁸ _____ to _____ .
눈코 뜰 새 없이 바빠. / 숨돌릴 틈도 없이 바빠.

정답 1. How, are, doing   2. haven't, seen, in, years   3. have, you, been
4. I've, been, meaning, to   5. Couldn't, better   6. on, cloud, nine
7. Mind, if, I, join   8. have, time, breathe

9 **I've heard so much about you.** (그쪽에 관한) 얘기 정말 많이 들었어요.

10 **It's a pleasure to meet you.**
만나서 기뻐요.

11 **Haven't we met before?**
우리 전에 만난 적 있죠?

I am 12 **pleased to make your acquaintance.** 만나 뵙게 되어서 정말 영광입니다.

You 13 **look familiar.**
낯이 익어서요.

14 **See you later.**
이따 보자. / 다음에 (또) 보자.

15 **Take care.**
잘 지내요. (헤어질 때 인사말)

Nice 16 **meeting you.**
만나서 반가웠어요.

Let's 17 **keep in touch.**
연락하고 지내자.

---

9. I've, heard, so, much　10. It's, pleasure　11. Haven't, we, met
12. pleased, make, your, acquaintance　13. look, familiar　14. See, you, later
15. Take, care　16. meeting, you　17. keep, in, touch

통째로 외워 쓰는 리얼 익스프레션

대화를 나눌 때

대화를 시작하거나 화제를 전환하려고 할 때 영어로 어떤 말을 꺼내야 할지 잘 몰라서 눈치만 보고 있을 때가 많습니다. 이런 상황에서 적절한 표현을 할 줄 알면 풍성한 대화를 나눌 수 있습니다. 또, 상대가 이야기를 계속하도록 유도하는 표현까지 할 수 있으면 정말 즐거운 대화를 이어나갈 수 있습니다.

외국인과 대화를 할 때 공식적인 자리가 아니라면 되도록 친근한 표현을 사용하면서 거리감을 느끼지 않도록 하는 것이 중요합니다. 상대의 말에 맞장구쳐주고, 이해했다고 말하는 등, 대화를 원활하게 풀어나가게 해주는 여러 표현을 살펴보겠습니다.

Do you have time?

시간 좀 있어? 잠시 얘기를 하고 싶을 때 Do you have time?이라는 표현을 많이 씁니다. 이때 time 앞에 the를 붙이지 않도록 주의합시다. Do you have the time?이라고 물으면 '정확한 시간이 있느냐?' 즉, '몇 시야?'라고 묻는 표현입니다. Have you got a minute?나 May I have a word with you? 같은 표현은 미국 FBI 관련 영화에서 자주 나옵니다.

Got a minute?
시간 좀 있어?

    A: Got a minute?
    B: Not right now. Can I talk to you later?
    A: Yeah, I'll be here all day.

    A: 시간 좀 있어?
    B: 지금은 좀 그런데. 나중에 얘기해도 될까?
    A: 그래, 나 여기 온종일 있을 거니까.

Could I talk to you?
얘기 좀 할 수 있어요?

    A: Could I talk to you?
    B: Sure, what's up?
    A: I think we should break up.

    A: 얘기 좀 할 수 있어요?
    B: 그럼요. 무슨 일이죠?
    A: 우리 헤어져요.

  ▶ 단도직입적으로 Let's talk.나 I need to talk.라고 해도 됩니다.

May I have a word with you?
잠시 얘기 좀 할 수 있을까요?

    A: May I have a word with you?
    B: Sure. Here, or in your office?
    A: In my office, please.

    A: 잠시 얘기 좀 할 수 있을까요?
    B: 그럼요, 여기서요, 아니면 그쪽 사무실에서요?
    A: 제 사무실에서요.

As you know...

너도 알다시피… 어떤 주제에 관해 대화를 꺼내려고 할 때 미국인들이 정말 자주 사용하는 표현이므로 무조건 외워서 써먹도록 합시다.

Guess what?
있잖아. / 놀라지 마.

A: Guess what? I'm pregnant!
B: What? Are you serious?
A: We're going to have a baby!

A: 있잖아. 나 임신했어!
B: 뭐라고? 진짜야?
A: 우리 아기가 태어난다니까!

▶ pregnant 임신한 serious 정말, 진지한 have a baby 아기를 낳다[가지다]

You won't believe this, ...
믿지 않겠지만…

A: You won't believe this, but I saw a ghost.
B: Seriously? Where?
A: In the attic!

A: 믿지 않겠지만, 나 귀신 봤다.
B: 정말? 어디서?
A: 다락방에서!

▶ believe 믿다 ghost 유령 attic 다락방

Did you hear what happened?
무슨 일이 있었는지 들었어?

A: Did you hear what happened?
B: No, what happened?
A: Mark slept with my ex-girlfriend.

A: 무슨 일이 있었는지 들었어?
B: 아니, 무슨 일이 있었는데 그래?
A: 마크가 내 전 여친이랑 잤대.

▶ ex 전 애인, 전남편, 전처

Don't tell anybody.

아무한테도 말하지 마. 비밀을 지키라고 할 때 Don't tell anybody. 라고 하면 됩니다. Keep it to yourself.도 자주 씁니다.

Just between you and me.
이건 너랑 나랑만 아는 비밀이다.

　　A: I have a feeling he's going to propose.
　　B: Really? That's so cool!
　　A: This is just between you and me.

　A: 그이가 나한테 프러프즈할 것 같은 느낌이 들어.
　B: 정말? 정말 잘 됐다!
　A: 이건 너랑 나랑만 아는 비밀이다.

Keep it to yourself.
너만 알고 있어.

　　A: This election was a joke.
　　B: Can I share that opinion with others?
　　A: No. Keep it to yourself.

　A: 이번 선거는 완전 코미디였어.
　B: 그 의견을 다른 사람들과 공유해도 될까?
　A: 아니, 너만 알고 있어.

　▶ election 선거　share 공유하다, 나누다

Promise you won't tell.
아무한테도 말 안 한다고 약속해.

　　A: We're trying to have a baby.
　　B: That's awesome!
　　A: Promise you won't tell.

　A: 우린 아기를 가지려고 해.
　B: 그것 잘 됐다!
　A: 아무한테도 말 안 한다고 약속해.

　▶ promise 약속하다

I think so, too.

나도 그렇게 생각해. 상대방의 말에 전적으로 동의할 때 Yeah.나 Right. 또는 I agree. 등의 리액션을 적절히 넣어주면 상대는 신나서 더 얘기하겠죠. 상대방의 얘기에 반응해주고 동조할 때 쓰는 표현을 알아봅시다.

Could be.
그럴지도.

A: Seems like Jack is a playboy.
B: Could be.

A: 척 보니 잭은 바람둥이 같은데.
B: 그럴지도.

▶ 상대의 얘기에 100% 동의하지는 않지만 그럴 수도 있다고 동조할 때 Could be.나 Maybe.라고 말합니다. (It) seems like ~는 '~로 생각되다'라는 표현입니다.

That's too bad.
저런, 안됐네.

A: James broke his leg and is in hospital.
B: That's too bad.
A: Should we go see him?

A: 제임스가 다리를 부러뜨리고 지금 병원에 있어.
B: 저런, 안됐네.
A: 문병 가야 하나?

▶ be in hospital 입원해 있다

I am sorry to hear that.
저런, 너무 안타깝다. / 저런, 어떡하니.

A: Sue's father passed away last month.
B: I am sorry to hear that.
A: She's having a hard time.

A: 수의 아버지께서 지난달에 돌아가셨어.
B: 저런, 너무 안타깝다.
A: 아주 힘든 시간을 보내고 있더라.

▶ 안타까움을 표현할 때 That's too bad. 말고도 I am sorry to hear that.이나 That's terrible. 또는 It's awful. 등으로 말할 수 있습니다. pass away 죽다 have a hard time 힘든 시간을 보내다

No kidding!

말도 안 돼! 상대의 말이 안 믿겨서 "진짜야?", "말도 안 돼!"라고 할 때 No kidding!이나 Really? 또는 No way(설마). 등을 쓰는데, 이때 중요한 것은 몸짓과 억양입니다. 좀 오버스럽게 말해보세요.

Really?
진짜야?

    A: I called in sick today.
    B: Really? Why?
    A: I have a stomach bug.

A: 나 오늘 아파서 회사 못 간다고 전화했어.
B: 진짜야? 어째서?
A: 배가 아파서.

▶ call in sick 아파서 결근한다고 전화하다   have a stomach bug 배앓이를 하다

Give me a break!
말도 안 돼!

    A: I think they're fighting again.
    B: Give me a break!
    A: I'm serious. They're yelling at each other.

A: 쟤네 또 싸우는 것 같아.
B: 말도 안 돼!
A: 정말이야. 서로 소리치고 난리도 아니라니까.

▶ yell at ~에게 소리치다[고함치다]   each other 서로

Are you serious?
진짜야? / 진심이야?

    A: I quit my job yesterday.
    B: Are you serious?
    A: No, just kidding!

A: 나 어제 일 그만두었어.
B: 진짜야?
A: 아니, 농담이야!

▶ quit 그만두다

What's your point?

요점이 뭐야? 요점을 바로 말하지 않고 빙빙 돌려 말하는 사람을 보면 답답하죠. 단도직입적으로 핵심만 말하라고 할 때 쓰는 표현을 알아봅시다.

What are you trying to say?
하려는 말이 뭐죠?

  A: What are you trying to say?
  B: I'm saying that I'm in love with you.
  A: Oh, I love you too.

  A: 하려는 말이 뭐죠?
  B: 제 말은, 제가 당신을 사랑한다는 겁니다.
  A: 오, 저도 그래요.

  ▶ be in love with ~와 사랑에 빠지다

Get to the point.
요점만 말하라고.

  A: Spit it out. Get to the point.
  B: I cheated on you.
  A: You did what?

  A: 자백해. 요점만 말하라고.
  B: 나 바람피웠어.
  A: 뭘 했다고?

  ▶ point 요점   spit it out 자백하다, 숨김 없이 말하다

So just what are you saying?
그래서 하려는 말이 뭐죠?

  A: I've gotten another job offer.
  B: So just what are you saying?
  A: I'm giving you my resignation!

  A: 저 다른 곳에서 일자리를 제안받았어요.
  B: 그래서 하려는 말이 뭐죠?
  A: 제 사표를 받으세요!

  ▶ job offer 직장 제공, 구인   resignation 사직(서), 사표

Let me make this clear.

내가 이거는 분명히 말하지. '요점을 말하다', '솔직하게 본론을 말하다'와 관련 있는 여러 표현을 알아봅시다.

Give it to me straight.
사실대로 말씀해주세요.

A: Give it to me straight, doctor.
B: You have cancer.
A: How bad is it?

A: 선생님, 사실대로 말씀해주세요.
B: 암이십니다.
A: 얼마나 안 좋은데요?

▶ cancer 암

Cut to the chase.
본론만 말해.

A: I'm just not happy anymore.
B: Cut to the chase.
A: I want to break up with you.

A: 난 더 이상 행복하지가 않아.
B: 본론만 말해.
A: 너랑 헤어지고 싶어.

Stop beating around the bush.
빙 돌려 말하지 마.

A: Do you think this dress is pretty?
B: Well... Do you have any others?
A: Stop beating around the bush. Do you like it?

A: 이 드레스 예쁜 것 같아?
B: 흐음, 다른 것도 있어?
A: 빙 돌려 말하지 마. 이거 마음에 들어?

▶ '덤불(bush) 주변이나 치고 다니지 마라', 즉 '핵심을 바로 밝혀라'라는 표현입니다.

리얼 익스프레션

Is that clear?

이해돼? 상대방이 내 말을 잘 이해했는지 확인할 때 자주 쓰는 표현으로 무엇이 있는지 알아봅시다.

Get it?
알겠어?

A: This is how you turn on the computer. Get it?
B: I see. That seems easy enough.
A: It is!

A: 컴퓨터는 이렇게 켜는 거야. 알겠어?
B: 알겠어. 아주 쉬운 것 같네.
A: 그렇다니까!

▶ 약간은 깔보는 듯한 뉘앙스로 들릴 수 있으므로 Get it?을 쓸 때는 주의해야 합니다. 몰랐던 것을 알게 되거나 이해했을 때 간단히 I see(알겠어/그렇군).라고 할 수 있습니다.
turn on (TV·컴퓨터·불 등을) 켜다

Do you know what I mean?
제 말이 무슨 말인지 아시겠어요?

A: Do you know what I mean?
B: I totally get it!

A: 제 말이 무슨 말인지 아시겠어요?
B: 완벽히 이해했어요!

▶ Do you know what I mean?뿐 아니라 See what I mean?도 자주 쓰는 표현입니다.

Are you following me?
내 말 이해돼?

A: Are you following me?
B: Yes.
A: Then, why would you do that?

A: 내 말 이해돼?
B: 응.
A: 그럼 왜 그 짓을 하려는 건데?

▶ would에는 가정하는 의미가 있습니다. Why would you do that?은 '(실제로 하지는 않았지만) 한다면 그 일을 왜 하는 걸까?'라는 의미입니다.

I got it.

이해했어. 상대방의 얘기에 이해한다고 맞장구칠 때 써먹을 수 있는 유용한 영어표현을 배워봅시다.

I know what you mean.
무슨 말인지 알아.

A: I have a hard time talking to her.
B: I know what you mean.
A: She's very rude!

A: 그 여자랑 얘기하는 게 정말 힘들어.
B: 무슨 말인지 알아.
A: 너무 무례한 여자야!

I see what you're saying.
네 말이 뭔지 알아.

A: Have you eaten at the new restaurant?
B: Yes. It was a little different than what I'd expected.
A: I see what you're saying.

A: 그 새로운 식당에서 먹어봤어?
B: 응. 내가 기대한 것과 좀 다르던데.
A: 네 말이 뭔지 알아.

▶ be different than과 be different from은 같은 의미의 표현입니다. I'd expected에서 I'd는 I had의 줄인 말이죠.

I think I got the picture.
이해한 것 같아요. / 감 잡은 것 같아요.

A: Any questions so far?
B: No, I think I got the picture.
A: We can go over the unit if you want to.

A: 지금까지 질문 있나요?
B: 아니요, 이해한 것 같아요.
A: 원하시면 그 단원을 복습해도 돼요.

▶ get the picture를 직역하면 '그림을 얻다'인데, 의미를 확장하면 명확한 그림을 갖게 되었다는 것이므로 '이해하다'라는 표현입니다. 특히 누구의 설명을 듣고 이해할 때 씁니다. so far 지금 이 시점까지 go over 반복하다

I don't understand.

이해가 안 돼. 대화를 나누다 보면 도통 이해가 안 될 때가 있습니다. 이럴 때는 I'm not sure I get your point. 정도의 영어는 구사하지 못하더라도 간단하게 Sorry, I don't understand.라고 하면 됩니다.

I don't get it.
이해가 안 되더라고. / 모르겠어.

    A: Did Mike tell you the joke about aliens?
    B: Yes, but I don't get it.
    A: You need a better sense of humor.

    A: 너 마이크한테 외계인에 관한 농담 들었어?
    B: 응. 근데 이해가 안 되더라고.
    A: 유머 감각을 좀 더 키워봐.

    ▶ alien 외계인   sense of humor 유머 감각

I don't follow.
무슨 말인지 모르겠어.

    A: Turn right, then right again.
    B: I don't follow.
    A: Should I draw you a map?

    A: 우회전하고 또 우회전해.
    B: 무슨 말인지 모르겠어.
    A: 약도를 그려줄까?

    ▶ follow는 '따라가다', '뒤를 잇다'라는 뜻 말고도 '이해하다(understand)'의 의미가 있습니다. draw a map 지도를 그리다

I'm not sure I get your point.
말씀하시는 요점을 잘 모르겠어요.

    A: I'm not sure I get your point.
    B: OK. Let's start again at the beginning.
    A: That would be great!

    A: 말씀하시는 요점을 잘 모르겠어요.
    B: 그렇군요. 그럼, 처음부터 다시 얘기해봅시다.
    A: 그래 주시면 좋겠습니다!

I didn't mean it.

내 말은 그런 뜻이 아니었는데. 말을 하다 보면 실수로 말을 잘못 내뱉을 때도 있고, 한 말은 주워 담고 싶을 때가 있습니다. 그럴 때 I didn't mean it. 또는 That's not what I said. 등과 같이 말해봅시다.

That's not what I meant.
내 말은 그런 뜻이 아니었어.

    A: Did you say you hate me?
    B: That's not what I meant.
    A: Then what did you mean?

    A: 너 날 싫어한다고 했어?
    B: 내 말은 그런 뜻이 아니었어.
    A: 그럼 그게 무슨 뜻이었는데?

    ▶ mean ~을 의미하다 (과거형은 meant) hate 몹시 싫어하다

I didn't mean that.
그런 말이 아니었어.

    A: Why didn't you invite me to your party?
    B: You told Mary you didn't want to come.
    A: I didn't mean that.

    A: 어째서 날 네가 연 파티에 초대 안 했어?
    B: 너 메리한테 파티에 오고 싶지 않다고 했다면서.
    A: 그런 말이 아니었어.

That's not what I said.
내 말은 그게 아니었는데.

    A: Did you tell Chris that I'm a stupid jerk?
    B: That's not what I said.
    A: Then, what did you say exactly?

    A: 너 크리스에게 내가 멍청한 찐따라고 했어?
    B: 내 말은 그게 아니었는데.
    A: 그럼 정확히 뭐라고 말했는데?

    ▶ stupid jerk 멍청이, 찐따 같은 놈 exactly 정확하게

You're right.

네 말이 맞아. 미국인들은 반응을 잘해주면 정말 좋아합니다.
"네 말이 맞아", "대박~" 이러면서 맞장구쳐주면 진짜 좋아하겠죠?

I agree with you 100%.
나도 너랑 같은 생각이야.

   A: What do you think about Matt and Elizabeth?
   B: I think they're perfect for each other.
   A: I agree with you 100%.

   A: 매트와 엘리자베스에 관해 어떻게 생각해?
   B: 둘이 영혼의 짝 같아.
   A: 나도 너랑 같은 생각이야.

   ▶ agree with 뒤에는 I agree with you.처럼 '사람'이나 I agree with your opinion.처럼 '계획', '아이디어', '의견'이 나옵니다. '둘은 천생연분이다', '정말 잘 어울리는 한 쌍이다'라고 말할 때 They are perfect for each other.라고 합니다.

That's for sure.
그건 확실해.

   A: That speaker was amazing!
   B: That's for sure.
   A: I agreed with everything she said.

   A: 그 연설하신 분 놀랍더라!
   B: 그건 확실해.
   A: 그 여자분이 말한 모든 부분에 난 동의해.

I have no problem with that.
그렇게 해도 상관없어요. / 그래도 아무 문제없어요.

   A: Do you mind if we stop off at the lake?
   B: I have no problem with that.
   A: Great! I've always wanted to go there.

   A: 우리 그 호수에 잠시 들러도 될까요?
   B: 그렇게 해도 상관없어요.
   A: 잘됐네요! 항상 거기 가보고 싶었거든요.

   ▶ Do you mind if ~?는 '~해도 될까요?'라고 상대에게 양해를 구하는 표현입니다. stop off 잠깐 들르다 I've always wanted to ~. (전부터 계속) ~하기를 원했다

You're wrong!

너 틀렸어! 상대방의 말이 틀렸다고 할 때 (You're) Wrong!이라고 하거나 so나 dead를 써서 You're so[dead] wrong!이라고 하면 "너 완전 틀렸어!"라고 강조할 수 있습니다.

That's not true.
아닌데. / 그건 사실이 아니야.

A: I heard you weren't coming tonight.
B: That's not true.
A: Good! What time will you be there?

A: 너 오늘 밤에 오지 않는다고 했다며?
B: 아닌데.
A: 그렇군! 거기 몇 시쯤 도착해?

No way!
말도 안 되는 소리!

A: Sarah slept with Michael.
B: No way!
A: That's what I heard.

A: 사라가 마이클과 잤대.
B: 말도 안 되는 소리!
A: 난 그렇게 들었어.

▶ No way!는 '말도 안 되는 소리!', '절대 안 돼!', '싫어!' 등의 의미가 있습니다.

You've got it all wrong.
네가 잘못 알고 있는 거야. / 네가 오해한 거야.

A: I can't believe that he is gay!
B: You've got it all wrong. He's mad for women.
A: I saw him kissing a guy!

A: 그가 게이라니 믿을 수가 없어!
B: 네가 잘못 알고 있는 거야. 갠 여자라면 사족을 못 써.
A: 그 인간이 남자한테 키스하는 걸 내가 봤다고!

▶ You're off the base.도 You've got it all wrong.과 같은 의미의 표현입니다.
be mad for ~에 사족을 못 쓰다

You're so wrong!

너 완전히 헛다리 짚었어! "말도 안 되는 소리 하지도 마!"나 "너 아무것도 모르는구나"를 나타내는 영어표현을 더 알아봅시다.

You can't be serious!
농담이지? / 설마 진심은 아니지?

A: What time does the show start?
B: It doesn't start for another 2 hours.
A: You can't be serious!

A: 공연 몇 시에 시작해?
B: 2시간 정도 더 있어야 해.
A: 농담이지?

You don't know shit.
아무것도 모르면서 뭘.

A: Mike beat Ryan up last night.
B: You don't know shit.
A: It's true! I heard it from Ryan.

A: 어젯밤에 마이크가 라이언을 두들겨 팼어.
B: 아무것도 모르면서 뭘.
A: 사실이라니까! 라이언한테 들었거든.

▶ beat *someone* up ~을 마구 때리다

You're clueless.
너 아무것도 모르는구나.

A: I think your boyfriend is cheating on you.
B: He would never do that!
A: You're clueless.

A: 네 남친 바람피우는 것 같은데.
B: 걘 그런 짓 안 해!
A: 너 아무것도 모르는구나.

▶ clueless 아무것도 모르는

You're crazy.

미쳤군. You're crazy.는 상대방이 이상한 행동을 할 때도 쓰지만 뜻밖에 놀라운 일을 해냈을 때도 씁니다.

You're out of your mind.
미쳤군. / 너 제정신이 아니구나.

　A: I think Kate is beautiful.
　B: You're out of your mind.
　A: No, I'm in love with her!

　A: 내 눈엔 케이트가 예쁜 것 같아.
　B: 미쳤군.
　A: 아냐, 나 걔 사랑해!

▶ out of *one's* mind 정신 나간, 미친

Have you lost your mind?
미쳤어?

　A: I think I'm going to quit my job.
　B: Have you lost your mind?
　A: I just need a break!

　A: 나 사표 낼 거야.
　B: 미쳤어?
　A: 난 그냥 쉬고 싶어!

▶ lose *one's* mind 미치다, 실성하다

Are you psychotic, or what?
제정신이야? / 너 정신병자야 뭐야?

　A: So you broke all the dishes?
　B: Yes, I did.
　A: Are you psychotic, or what?

　A: 그래서, 네가 접시를 다 깼다는 거지?
　B: 응, 내가 그랬어.
　A: 제정신이야?

▶ psychotic 정신병의

Relax!

진정해! "이 더러운 세상!"이라고 욕하는 친구를 진정시킬 때 Relax!라고 말할 수 있습니다. 이런 상황에서 쓸 수 있는 표현을 더 알아봅시다.

Calm down!
진정해!

A: What's wrong?
B: I'm so mad about the election.
A: Calm down!

A: 무슨 일이야?
B: 선거 때문에 열받아.
A: 진정해!

▶ calm down 진정하다, 흥분을 가라앉히다

Take it easy!
진정해! / 화내지 마!

A: Ryan called me a moron!
B: Take it easy!

A: 라이언이 나를 얼간이라고 불렀어!
B: 진정해!

▶ Take it easy.는 상황에 따라 '진정해', '화내지 마'라는 의미와 '안녕, 잘 지내'라는 헤어질 때의 인사말로 쓸 수 있습니다. moron 얼간이, 바보 천치

Hey, control yourself!
이봐, 진정해!

A: Hey, control yourself!
B: I'm trying to calm down.
A: You're really upset.

A: 이봐, 진정해!
B: 진정하려고 노력 중이야.
A: 너 정말 열받았구나.

▶ control *oneself* 자제하다

Jobs
직업

- **dentist** 치과의사
- **veterinarian[vet]** 수의사
- **hairdresser** 미용사, 헤어디자이너
- **accountant** 회계사
- **architect** 건축가
- **office worker** 회사원
- **chef** 주방장, 총괄 셰프 (cook은 chef보다 경험·기술·경력 등이 떨어지는 일반적인 '요리사')
- **librarian** 도서관 사서
- **mechanic** 기계공, 정비사
- **engineer** 기술자
- **farmer** 농부
- **judge** 판사
- **athlete** 운동선수
- **journalist** 기자
- **police officer** 경찰관
- **firefighter** 소방관
- **civil servant[public employee]** 공무원

● 주어진 우리말에 맞게 빈칸을 알맞게 채우세요.

Do you ¹ _____ ?
시간 좀 있어?

² _____ ?
있잖아. / 놀라지 마.

Just ³ _____ you _____ me.
이건 너랑 나랑만 아는 비밀이다.

⁴ _____ it _____ .
너만 알고 있어.

⁵ _____ me a _____ !
말도 안 돼!

⁶ _____ your _____ ?
요점이 뭐야?

I'm ⁷
_____ . 저런, 너무 안타깝다. / 저런, 어떡하니.

⁸ _____ it _____ me _____ .
사실대로 말씀해주세요.

정답 1. have, time   2. Guess, what   3. between, and
   4. Keep, to, yourself   5. Give, break   6. What's, point
   7. sorry, to, hear, that   8. Give, to, straight

9 Cut to the chase.
본론만 말해.

Do you know **10** what I mean?
제 말이 무슨 말인지 아시겠어요?

11 I got it.
이해했어.

You **12** can't be serious!
농담이지? / 설마 진심은 아니지?

13 That's not what I said.
내 말은 그게 아니었는데.

That's **14** for sure.
그건 확실해.

15 You've got it all wrong.
네가 잘못 알고 있는 거야. / 네가 오해한 거야.

You're **16** out of your mind.
미쳤군. / 너 제정신이 아니구나.

17 Take it easy!
진정해! / 화내지 마.

---

9. Cut, to, chase 10. what, I, mean 11. I, got
12. can't, be, serious 13. That's, what, I 14. for, sure
15. You've, got, it, all 16. out, of, your, mind 17. Take, easy

통째로 외워 쓰는 리얼 익스프레션
감정과 상태를 말할 때

우울하고 힘들 때, 좌절해서 화가 나고 슬프 때, 이런 것을 나눌 수 있는 친구가 없다면 얼마나 슬프겠습니까! 평소에 주위 사람들에게 나의 약한 모습도 진솔하게 표현해 왔는지, 그리고 누군가가 자신의 힘든 상태를 말했을 때 정말 귀 기울여 들어주고 격려해주었는지 살펴봐야겠습니다. 상대의 입장을 알아주고 서로 진실하게 마음을 나누는 것은 원활한 인간관계 형성을 위한 기본입니다.

이 장에서는 감정과 상태를 나타내는 표현뿐 아니라 위로와 격려의 표현, 사과의 표현, 그리고 감사의 표현도 알아보겠습니다.

I'm angry.

나 화났어. '화난'이라는 뜻의 단어인 angry나 mad는 잘 알 테고, 그 외에 잘 쓰는 표현으로 piss someone off(~을 화나게 하다)가 있습니다.

I'm so mad!
열받아! / 너무 화가 나!

A: Did you hear how the game went?
B: I'm pretty sure we lost.
A: Again? I'm so mad.

A: 경기가 어떻게 됐는지 들었어?
B: 분명히 우리가 졌을 거야.
A: 또? 열받아!

I'm pissed off.
완전 짜증 나. / 진짜 열받아.

A: I'm pissed off.
B: Why are you so angry?
A: I have to stay late again at work.

A: 완전 짜증 나.
B: 왜 그렇게 열받았어?
A: 또 늦게까지 일해야 해.

▶ I'm so pissed.라고 말해도 됩니다.

I've had it!
더는 못 참아!

A: I've had it!
B: What's wrong?
A: My boyfriend slept with another girl!

A: 더는 못 참아!
B: 무슨 일이야?
A: 내 남자친구가 다른 여자랑 잤어!

I'm feeling down.

기분이 우울해. 우울한 기분을 나타낼 때 feel이나 be동사 다음에 blue, gloomy, down 등을 써서 표현할 수 있습니다.

I feel shitty.
기분이 우울해.

    A: I feel shitty.
    B: What's wrong?
    A: My dog is really sick.

    A: 기분이 우울해.
    B: 왜 그래?
    A: 우리 개가 많이 아파.

    ▶ shitty 엉망진창인

I'm bummed.
(기분이) 우울해.

    A: I didn't get that job.
    B: Oh no! Are you okay?
    A: I'm bummed.

    A: 나 그 일자리 놓쳤어.
    B: 저런! 괜찮아?
    A: 우울해.

    ▶ bummed 낙담한

I'm depressed.
우울해.

    A: I'm depressed.
    B: Did you talk to your doctor?
    A: Yes, he gave me some new medicine to try.

    A: 우울해.
    B: 의사랑 상담해봤어?
    A: 응, 신약을 먹어보라고 처방해줬어.

    ▶ depressed 우울한

It's terrible.

최악이야. It's terrible.이나 I hate it. 그리고 I can't stand it.은 점잖은 표현입니다. It sucks.는 '엿 같네' 정도의 뉘앙스를 지닌 조금 과격한 표현이죠.

I hate it.
난 그거 싫더라.

    A: What do you think of her new book?
    B: I hate it.
    A: I won't bother reading it, then.

    A: 그 작가의 신간에 대해 어떻게 생각해?
    B: 난 그거 싫더라.
    A: 그렇다면 굳이 안 읽어봐도 되겠네.

    ▶ won't bother+동사ing 일부러 ~하려 애쓰지 않을 것이다

I can't stand it.
정말 싫어. / 못 참겠어.

    A: Do you like country music?
    B: I can't stand it.
    A: What kind of music do you listen to?

    A: 컨트리 뮤직 좋아하니?
    B: 정말 싫어.
    A: 넌 어떤 장르의 음악을 듣니?

    ▶ stand는 '참다', '견디다'라는 뜻으로 stand 대신 bear나 take를 써도 됩니다.

It sucks.
최악이야. / 형편없어.

    A: How's the new aerobics class?
    B: It sucks.

    A: 새로 들어간 에어로빅 수업 어때?
    B: 최악이야.

    ▶ suck 형편없다, 최악이다

I'm scared.

겁이 나. '겁이 나다'는 I'm scared. '겁나서 죽겠다'는 I am scared to death. 너무 무서우면 저절로 발생하는 생리 현상이 있습니다. 무서워서 오줌을 지릴 뻔했다고 하잖아요? 영어에서도 비슷하게 I almost shit my pants.나 It was so scary that I almost peed in my pants.라고 말합니다.

I'm so nervous.
너무 긴장돼.

   A: I'm scheduled to deliver my baby tomorrow.
   B: How are you feeling?
   A: I'm so nervous.

  A: 나 내일이 출산 예정일이야.
  B: 기분이 어때?
  A: 너무 긴장돼.

▶ nervous 불안한, 초조한 be scheduled to+동사원형 ~할 예정이다 deliver a baby 아기를 낳다[받아내다]

I am scared to death.
겁이 나 죽겠어.

   A: I'm scheduled to have surgery for my cancer next week. I am scared to death.
   B: Don't worry. Everything will be OK.

  A: 나 다음 주에 암 수술받아. 겁이 나 죽겠어.
  B: 걱정하지 마. 다 잘 될 거야.

▶ surgery 수술

I almost shit my pants.
무서워서 죽을 뻔했어.

   A: Did you try the new roller coaster yet?
   B: Yes. I almost shit my pants.

  A: 새로 생긴 롤러코스터 타봤어?
  B: 어. 무서워서 죽을 뻔했어.

▶ 의문문에서 yet은 '이미', '벌써', '아직'이라는 뜻으로 쓰이고 항상 문장 끝에 나옵니다.

I'm in big trouble.

나 큰일 났어. I'm screwed!에는 '난 망했다'라는 의미와 '나 기분이 짱이야'라는 의미가 있습니다. I'm in over my head!는 '난 감당할 수가 없어!'라는 뜻이죠.

You're screwed!
너 큰일 났구나! / 너 망했다!

    A: You look really upset.
    B: I just wrecked my brother's car.
    A: You're screwed!

  A: 너 많이 화난 것 같다.
  B: 방금 형의 자동차를 박살 냈어.
  A: 너 큰일 났구나!

▶ You're screwed!는 '너 완전히 망했다!'라는 의미입니다. I screwed up everything. 이라고 하면 '내가 모든 걸 망쳤어'라는 의미죠. wreck 망가뜨리다, 엉망으로 만들다

I'm in over my head!
감당이 안 돼! / 힘들어 죽겠어!

    A: You have a lot of work to do.
    B: I'm in over my head!
    A: Do you want some help?

  A: 너 할 일이 많구나.
  B: 감당이 안 돼!
  A: 좀 도와줄까?

▶ in over one's head 힘에 벅차서, 감당할 수 없이 버거운

I'm in deep shit.
나 진짜 큰일 났어.

    A: I'm in deep shit.
    B: Why is that?
    A: I failed my math test!

  A: 나 진짜 큰일 났어.
  B: 왜 그래?
  A: 수학 시험을 망쳤어!

▶ in deep shit 어려운 지경이 되어

I have no money.

돈이 한 푼도 없어. '무일푼의', '빈털터리의'라는 의미인 broke나 bust를 사용해서 돈이 없다는 말을 할 수도 있습니다.

I'm broke.
나 돈 없어. / 나 파산했어.

   A: Do you want to go out for dinner?
   B: I can't. I'm broke.
   A: My treat!

   A: 저녁 먹으러 갈래?
   B: 못 가. 나 돈 없어.
   A: 내가 살게!

   ▶ 파산했다고 할 때 I'm broke. 또는 I'm flat broke.라고 많이 씁니다. '내가 낼게', '내가 한턱 쏜다'라는 의미의 My treat!도 꼭 알아두세요.

I'm in the red.
나 적자야.

   A: I'm in the red.
   B: Did you pay the bills this month?
   A: Not yet. Will you lend me some money?

   A: 나 적자야.
   B: 이번 달 공과금 냈어?
   A: 아직. 돈 좀 빌려줄래?

   ▶ in the red 빚이 있는, 적자의 lend 빌려주다 ('빌리다'는 borrow)

I'm busted.
나 파산했어.

   A: What happened to you?
   B: I'm busted.

   A: 무슨 일 있니?
   B: 나 파산했어.

   ▶ bust는 동사로 '부수다'라는 뜻이 있는데, 파산했을 때도 이 동사를 써서 I'm busted.처럼 말합니다.

Please leave me alone.

날 좀 내버려둬. 아무 말도 듣기 싫고 다 귀찮고 혼자 있고 싶을 때, 가만히 내버려둬 줬으면 좋겠고 상대가 어디로 좀 가주면 좋겠을 때 쓰는 표현을 알아봅시다.

Why can't you just leave me alone?
나 좀 건드리지 마. / 왜 날 내버려두지 못 하는 거야?

    A: I need some time to think.
    B: I think we need to talk first.
    A: Jack, please! Why can't you just leave me alone?

    A: 난 생각할 시간이 필요해.
    B: 우린 대화부터 해야 할 것 같은데.
    A: 잭, 제발! 나 좀 건드리지 마.

Please go away.
좀 가줘. / 좀 내버려둬.

    A: Please go away.
    B: Why? What are you doing?
    A: I'm trying to talk on the phone in private.

    A: 좀 가줘.
    B: 왜 그래? 뭘 하는데?
    A: 사적인 통화를 해야 한다고.

▶ in private 다른 사람이 없는 데서

I'm asking you to just leave me alone.
그냥 나 좀 혼자 있게 해줘.

    A: Go away!
    B: Are you kicking me out?
    A: No. I'm asking you to just leave me alone.

    A: 저리 가!
    B: 지금 나 쫓아내는 거야?
    A: 아냐. 그냥 나 좀 혼자 있게 해줘.

▶ kick *someone* out 쫓아내다   alone 혼자, 홀로

Mind your own business.

남의 일에 참견하지 마.
남의 일에 간섭하지 말라는 표현을 알아봅시다.

That's none of your business.
네가 상관할 바가 아니야.

    A: I heard she has a lot of debt.
    B: That's none of your business.
    A: She asked me for some money.

    A: 그녀가 빚이 많다면서?
    B: 네가 상관할 바가 아니야.
    A: 나한테 돈을 좀 빌려달라고 했어.

It's got nothing to do with you.
너와는 상관없는 일이야. / 신경 꺼.

    A: You look like crap today. Need to talk?
    B: It's got nothing to do with you.

    A: 너 오늘 꼴이 말이 아니다. 얘기 좀 할까?
    B: 너와는 상관없는 일이야.

    ▶ This has nothing to do with you.도 '상관하지 마', '너와는 상관없는 일이야'라는 의미의 표현입니다.

Get your nose out of my business.
남의 일에 상관하지 마.

    A: I think you may have a drinking problem.
    B: Get your nose out of my business.
    A: When you're ready to talk, just call me.

    A: 너 음주 문제가 있는 것 같아.
    B: 신경 꺼.
    A: 얘기하고 싶을 때 언제든 전화해.

    ▶ nose는 코를 킁킁거리고 냄새를 맡듯이 정보를 캐고 다니는 것을 의미하기도 하므로 이 표현은 남의 일을 그만 캐고 다니라는 뜻입니다.

I don't care at all.

전혀 상관없어. 상관없다고 할 때 I don't care. 또는 It doesn't matter.라는 말을 합니다. 이러나저러나 차이가 없어서 신경 쓰지 않는다고 할 때 Makes no difference to me.라고도 합니다. not give a shit도 '신경 쓰지 않는다'는 의미인데 I don't give a shit about your schedule.이라고 하면 '네 일정 따위 알게 뭐야'라는 표현입니다.

It doesn't matter to me.

나는 뭐든 상관없어. / 나는 아무래도 좋아.

A: Where do you want to go for dinner?
B: It doesn't matter to me.
A: Let's get pizza, then.

A: 어디서 저녁 식사 하고 싶니?
B: 나는 뭐든 상관없어.
A: 그렇다면 피자 먹자.

Makes no difference to me.

난 아무거나 상관없어. / 내가 보기엔 별 차이 없어.

A: Which movie should we see?
B: Makes no difference to me.
A: I want to see a comedy.

A: 어떤 영화를 볼까?
B: 난 아무거나 상관없어.
A: 난 코미디 영화를 보고 싶어.

I don't give a shit.

신경 안 써. / 관심 없어.

A: You're being very mean.
B: I don't give a shit.
A: How would you feel if you were her?

A: 너 정말 못됐다.
B: 신경 안 써.
A: 네가 걔라면 기분이 어떻겠니?

Cheer up!

힘내! 힘내라고 격려하는 표현을 배워봅시다. "다 잘될 거야(It will work out./Things will get better!)"라고 상대방에게 용기를 불어넣어 주는 것도 좋겠죠?

It will all work out in the end.
결국엔 잘 해결될 거야.

 A: Jack and I had a really big fight.
 B: It will work out.
 A: I'm afraid he'll leave me.

 A: 잭하고 정말 크게 싸웠어.
 B: 결국엔 잘 해결될 거야.
 A: 그가 날 떠날 것 같아.

 ▶ have a fight 싸우다 I'm afraid~ (달갑지 않은 일에 대해) ~인 것 같다

Things will get better!
다 잘될 거야!

 A: I'm having a hard time making ends meet.
 B: Cheer up! Things will get better!

 A: 빚 안 지고 사느라 너무 힘들다.
 B: 힘내! 다 잘될 거야!

 ▶ make ends meet 수입 내에서 살다, 빚 안 지고 살아가다, 수지타산을 맞추다

Don't let it get you down.
그런 일로 기죽지 마.

 A: What's going on?
 B: I got a bad performance review from my boss.
 A: Don't let it get you down.

 A: 무슨 일이야?
 B: 상사한테 나쁜 인사 고과를 받았어.
 A: 그런 일로 기죽지 마.

 ▶ get *someone* down 실망하게 하다, 맥 풀리게 하다 performance review 인사 고과

Come on, you can do it!

해봐, 넌 할 수 있어! Go for it.이나 Hang in there. 그리고 Cheer up.은 비슷한 의미의 표현입니다. Hang in there.은 조금만 버티라는 의미니까 '참아', '힘내'라는 말이죠.

Give it one more try!
다시 한 번 해봐!

  A: Come on, you can do it!
  B: I need some help.
  A: Give it one more try!

  A: 해봐, 넌 할 수 있어!
  B: 난 도움이 필요해.
  A: 다시 한 번 해봐!

Go for it!
파이팅! / 힘내!

  A: I'm going to apply to the University of Illinois.
  B: Go for it!
  A: Do you think I can get in?

  A: 일리노이 대학에 지원하려고.
  B: 파이팅!
  A: 내가 합격할 수 있을까?

  ▶ 우리가 늘 말하는 "파이팅!"은 콩글리시입니다. 원래는 Go for it!이에요. 참고로, '난 널 응원해'라는 의미인 I'm rooting for you.도 알아둡시다.

Hang in there.
조금만 더 힘내세요. / 조금만 참아요.

  A: I don't think I can finish my project in time.
  B: Hang in there.

  A: 프로젝트를 제시간에 못 끝낼 것 같아요.
  B: 조금만 더 힘내세요.

  ▶ in time 제때, 제시간에

Trust me.

날 믿어. 브루노 마스의 노래 "Count on Me" 가사 중에 *You can count on me like 1 2 3*라는 구절이 있습니다. 이 말인즉, 숫자를 세듯이 그렇게 쉽게 날 믿으라는 뜻입니다.

You can count on me.
나만 믿어.

A: Can you help me move this weekend?
B: Yes! You can count on me.

A: 이번 주말에 이사하는 것 좀 도와줄래?
B: 그래! 나만 믿어.

▶ move 이사하다, 이동하다

You have my word.
약속할게. / 맹세해.

A: Are you sure you can keep a secret?
B: You have my word.
A: Okay. I got caught cheating on my boyfriend.

A: 비밀 지켜줄 수 있어?
B: 약속할게.
A: 좋아. 나 남자친구 몰래 바람피우다 들켰어.

▶ keep a secret 비밀을 지키다   get caught 잡히다, 들키다

You can bank on it.
믿어도 돼요.

A: Will you be at dinner on Friday?
B: You can bank on it.
A: It will be great to see you!

A: 금요일 저녁 식사 때 올 거예요?
B: 꼭 갈게요. (믿어도 돼요.)
A: 와주시면 정말 기쁠 거예요!

▶ bank on은 '~을 믿다', '~을 의지하여 기대다'라는 의미로 depend on과 바꿔 쓸 수 있습니다.

I'm with you.

난 네 편이야. 힘들고 지칠 때 누군가의 I'm with you.보다 더 힘이 되는 말은 없습니다. 위로와 격려가 되는 따뜻한 말 한마디를 알아봅시다.

I'll stand by you.
난 네 편이야.

A: I didn't cheat on the test, but nobody believes me.
B: I believe you. I'll stand by you.
A: Thanks, buddy. You're my one true friend.

A: 시험 볼 때 컨닝 안 했는데 아무도 내 말을 믿지 않아.
B: 난 믿어. 난 네 편이야.
A: 친구야, 고맙다. 넌 내 진실한 단 한 명의 친구야.

▶ cheat on the test 시험에서 부정행위를 하다 nobody 아무도 ~않다, ~하는 사람이 없다 buddy (남자끼리) 친구, 동료

I'm on your side.
난 네 편이야.

A: Did you hear about the fight between Mary and me?
B: Yes. I'm on your side.
A: Good! She's being a bitch.

A: 메리랑 내가 싸운 얘기 들었어?
B: 응. 난 네 편이야.
A: 됐어! 걔는 정말 나쁜 년이야.

▶ bitch는 '암캐'라는 의미의 단어인데, '나쁜 년'이라는 뜻도 있습니다. 강한 욕이니까 상대에게 이 단어를 썼을 때 머리끄덩이 붙잡힐 각오 정도는 해야겠죠.

I am 100% behind you.
넌 전적으로 널 지지해. / 난 언제나 네 편이야.

A: I'm running for team captain.
B: I am 100% behind you.
A: Can you help promote me?

A: 나 팀의 주장을 뽑는 선거에 나갈 거야.
B: 난 전적으로 널 지지해.
A: 홍보하는 것 좀 도와줄래?

▶ run for (선거에) 입후보하다 promote 홍보하다, 촉진하다

Thank you.

고마워. 고마움을 표현하는 가장 일반적인 말이 Thank you.와 Thanks a lot.입니다. I appreciate it.이나 I owe you.라고 하면 좀 있어 보입니다.

Thanks a lot.
정말 고마워.

A: I made dinner tonight.
B: Thanks a lot.
A: It's the least I could do.

A: 내가 오늘 저녁밥을 지었어.
B: 정말 고마워.
A: 별로 차린 것도 없는데 뭐.

▶ the least *one* could do는 '~이 할 수 있는 최소한의'라는 표현입니다. 문맥상 It's the least I could do.는 '한 것도 없는데 뭐'나 '별로 차린 것도 없어'라는 의미입니다.

I appreciate it.
감사합니다. / 고마워요.

A: Dinner is on me tonight!
B: I appreciate it.
A: You bought last time.

A: 오늘 저녁은 내가 낼게요!
B: 감사합니다.
A: 저번에 쏘셨잖아요.

▶ '내가 (식사 등을) 쏘겠다'라는 의미로 ~ is on me.라는 표현을 많이 씁니다.

I owe you.
신세 졌어. / 고마워.

A: I did the dishes for you.
B: Thanks. I owe you.
A: No problem!

A: 내가 대신 설거지했어.
B: 고마워. 신세 졌어.
A: 천만에!

▶ '고마워하는 사람에게 No problem!이라고 하면 '천만에'라는 의미고, 미안해하는 사람에게 말하면 '괜찮아', '아무렇지도 않아'라는 의미입니다.

I'm so sorry.

정말 미안해. 진심으로 상대에게 미안하다고 사과할 줄 아는 사람이 어른이고 남이 사과할 때 마음을 열고 용서해주는 사람이 성숙한 성인이죠. 미안한 마음을 나타내는 데 가장 기본이 되는 표현은 I'm sorry.이고, 괜찮다고 할 때 가장 일반적으로 쓰는 것은 It's okay.입니다.

I'm sorry for being late.
늦어서 미안해.

A: I'm sorry for being late. Traffic was murder.
B: It's okay.

A: 늦어서 미안해. 교통이 엉망이었어.
B: 괜찮아.

▶ '~해서 미안하다'라고 할 때 sorry 뒤에 for+동명사[명사]로 말합니다. Traffic is murder.에서 murder은 '죽을 만큼 힘든 일'을 의미합니다. 길이 막혔다고 할 때 일반적으로 많이 쓰는 표현은 I was stuck in traffic.입니다.

I'm sorry to bother you.
귀찮게 해서 미안해.

A: I'm sorry to bother you.
B: That's okay. What are friends for?

A: 귀찮게 해서 미안해.
B: 괜찮아. 친구 좋다는 게 뭐야?

▶ sorry+to 동사원형 형태로 '~해서 미안하다'를 말하기도 합니다. What are friends for(친구 좋다는 게 뭐야)?는 우정을 과시할 수 있는 좋은 표현입니다.

Never mind.
괜찮습니다. / 신경 쓰지 마세요.

A: I'm terribly sorry to have kept you waiting.
B: Never mind.
A: Should we get the meeting started?

A: 기다리시게 해서 정말 죄송합니다.
B: 괜찮습니다.
A: 그럼 회의를 시작할까요?

▶ 상대방의 사과를 듣고 괜찮다고 할 때 Never mind.나 No problem., That's okay. 등으로 말합니다. get *something* started (일 등을) 시작하다

It's my fault.

내 잘못이야. It's my fault.는 자신의 잘못을 쿨하게 인정하는 표현입니다. 가벼운 실수에는 My mistake.라고 짧게 얘기하고 책임을 무겁게 받아들여야 하는 경우 I take the blame.이라고 합니다.

My mistake.
내 실수야.

    A: Ouch! You stepped on my toe!
    B: Oops! My mistake.
    A: Watch where you're going from now on.

    A: 아야! 너 내 발 밟았어!
    B: 이런! 내 실수야.
    A: 지금부턴 좀 보고 다녀.

    ▶ step on ~을 밟다　toe 발가락　from now on 앞으로는, 지금부터는

I take the blame.
제 책임입니다. / 제 탓입니다.

    A: Why isn't the project done yet?
    B: It's my fault. I take the blame.
    A: What happened?

    A: 왜 아직 프로젝트가 마무리 안 됐지?
    B: 제 잘못이에요. 제 책임입니다.
    A: 대체 무슨 일이야?

    ▶ take the blame 잘못에 대한 책임을 지다

Please forgive me.
용서해줘, 제발.

    A: I said some really mean things.
    B: You really hurt my feelings.
    A: Please forgive me.

    A: 내가 정말 못된 말을 했어.
    B: 네 말에 진짜 상처받았어.
    A: 용서해줘, 제발.

    ▶ mean 상스러운, 더러운, 짓궂은

Emotions & Condition

감정과 상태

- anxious 불안한
- ashamed 부끄러운, 창피한
- doubtful 의심스러운
- excited 흥분한, 신난
- hesitant 주저하는
- impatient 조바심을 내는, 성급한
- joyful 즐거운
- lonely 외로운, 쓸쓸한
- satisfied 만족스러운
- worried 걱정스러운
- positive 긍정적인
- negative 부정적인
- cynical 냉소적인
- sarcastic 냉소적인, 비꼬는
- surprised 놀란
- scared 무서운, 겁먹은

● 주어진 우리말에 맞게 빈칸을 알맞게 채우세요.

1 _____ off.
완전 짜증 나. / 진짜 열받아.

I'm 2 _____ .
기분이 우울해.

I'm 3 _____ .
너무 긴장돼.

I'm 4 _____ .
나 큰일 났어.

I'm 5 _____ .
나 적자야.

Please 6 _____ me _____ .
날 좀 내버려둬.

7 _____ your _____ .
남의 일에 참견하지 마.

8 _____ no _____ me.
난 아무거나 상관없어. / 내가 보기엔 별 차이 없어.

정답   1. I'm, pissed   2. feeling, down   3. so, nervous
4. in, big, trouble   5. in, the, red   6. leave, alone
7. Mind, own, business   8. Makes, difference, to

9 ____ will ____ !
다 잘될 거야!

10 ____ let it ____.
그런 일로 기죽지 마.

You can 11 ____ me.
나만 믿어.

I'm 12 ____.
난 네 편이야.

13 ____ you.
신세 졌어. / 고마워.

You 14 ____.
약속할게. / 맹세해.

15 ____.
괜찮습니다. / 신경 쓰지 마세요.

I 16 ____ the ____.
제 책임입니다. / 제 탓입니다.

That's 17 ____.
네가 상관할 바가 아니야.

---

9. Things, get, better   10. Don't, get, you, down   11. count, on
12. on, your, side   13. I, owe   14. have, my, word   15. Never, mind
16. take, blame   17. none, of, your, business

통째로 외워 쓰는 리얼 익스프레션

연애와 사랑

상대방에게 끌리는 감정은 외모에서 비롯되는 경우가 많습니다. love at first sight(첫눈에 반한 사랑)이라는 말도 있잖아요. 외모에 대한 호감은 hot, cute, handsome과 같은 단어를 사용해 표현합니다. 호감이 생기면 상대방을 더 알고픈 마음에 데이트를 신청하죠. 그렇지만 외모에 눈이 멀어 덜컥 사랑에 빠지면 곤란해질 수 있습니다. 외모보다는 상대의 능력, 성격, 인간미 등을 살펴봐야 하죠. 그리고 사랑이 시작된 다음에는 그것을 아름답게 가꾸고 지켜나가려는 노력이 수많은 I love you.라는 말보다 더 중요해집니다. 이 장에서는 연애와 사랑에 관한 다양한 표현을 살펴보겠습니다.

She's hot.

그녀는 섹시해. hot이라는 단어에 성적 매력을 나타내는 뜻이 있는 건 잘 알고 있죠? '매력적인'이라는 의미로 lovely, attractive, charming, fascinating도 많이 씁니다.

He's really handsome.
쟤 진짜 잘생겼다.

    A: Who is that?
    B: That's my younger brother.
    A: He's really handsome.

    A: 쟤 누구야?
    B: 내 남동생이야.
    A: 진짜 잘생겼다.

She's really cute.
저 여자 진짜 귀엽다.

    A: She's really cute.
    B: You should ask her out.
    A: She's out of my league.

    A: 저 여자 진짜 귀엽다.
    B: 데이트 신청해봐.
    A: 쟤는 나랑 노는 물이 달라.

▶ out of *one's* league는 '~ 수준을 벗어나는'이라는 뜻으로, She's out of my league. 는 '그녀는 내가 감히 넘볼 대상이 아니다'라는 의미의 표현입니다.

What a stud!
정말 멋진 남자야! / 저 남자 완전 킹카네!

    A: Mike's working out without a shirt on.
    B: Look at his muscles!
    A: What a stud!

    A: 마이크가 셔츠를 벗고 운동하고 있어.
    B: 근육 좀 봐!
    A: 정말 멋진 남자야!

▶ stud 성적 매력이 큰 남자　muscle 근육

Are you free Saturday night?

토요일 저녁때 시간 있어? '데이트하다'라는 의미로 go out이라는 표현을 많이 씁니다. 남녀 사이에 go out은 그냥 '외출하다'가 아니라 '데이트하다'라는 로맨틱한 표현이죠.

I want to take you out to dinner.
네게 저녁 사주고 싶어.

   A: Are you free Saturday night?
   B: I should be, why?
   A: I want to take you to dinner.

     A: 토요일 저녁에 시간 있어?
     B: 그럴 것 같아. 왜?
     A: 네게 저녁 사주고 싶어.

     ▶ take *someone* out은 '(식사 등) 데리고 가다', '~와 데이트하다'라는 표현입니다. 참고로, '나랑 데이트하자'라고 할 때 I want to ask you out.이라고도 말합니다. ask *someone* out은 '데이트 신청을 하다'라는 표현입니다.

I was wondering if you'd like to go out with me.
나랑 데이트할래?

   A: I was wondering if you'd like to go out with me.
   B: I'd love that!

     A: 나랑 데이트할래?
     B: 좋아!

Would you like to go out sometime?
언제 데이트할래요?

   A: Would you like to go out sometime?
   B: That would be wonderful.

     A: 언제 데이트할래요?
     B: 좋아요.

I have a boyfriend.

난 남자친구가 있어. 데이트 신청을 거절할 때 I have a boyfriend.라고 하면 무난합니다. I'm not interested.라고 하거나 I have other plans.라고 하면 좀 매몰차게 거절하는 느낌이 들죠.

I'm not interested.
난 관심 없어. / 별로 흥미 없어.

A: Would you like to go out sometime?
B: No. I'm not interested.
A: I won't take no for an answer.

A: 언제 한번 만날래?
B: 아니. 난 관심 없어.
A: 거절하지 마.

▶ I won't take no for an answer.는 '꼭 받아들여야 한다'라고 상대를 압박할 때 씁니다.

I have other plans.
난 다른 계획이 있어.

A: We should get together this weekend.
B: I have other plans.
A: Are you brushing me off?

A: 이번 주말에 만나자.
B: 난 다른 계획이 있어.
A: 너 나 퇴짜 놓는 거야?

▶ brush off는 '무시하다', '관계를 끊다'라는 의미의 표현입니다. brush-off라고 명사형으로 쓸 때는 '매정한 거절', '해고'를 의미합니다. get together 만나다

Sorry, I'm seeing someone else.
미안하지만 난 사귀는 사람 있어.

A: I want to ask you out.
B: Sorry, I'm seeing someone else.
A: I thought you were single!

A: 나랑 데이트할래?
B: 미안하지만 난 사귀는 사람 있어.
A: 난 네가 솔로인 줄 알았는데!

You look great!

너 정말 근사하다! 사람의 외모와 옷차림을 칭찬해주는 건 연애뿐 아니라 성공적인 사회생활을 위한 기본입니다. 이런 찬사를 들었을 때 It's nice of you to say so(그렇게 말해주니 고마워)라고 답해주면 품위 있어 보이죠.

You're dressed to kill.
옷을 아주 멋지게 입었네. / 옷차림이 죽이는데.

  A: Are you going out tonight?
  B: Yes, I'm going downtown.
  A: You're dressed to kill.

  A: 오늘 저녁에 데이트 있어?
  B: 응. 시내에 나갈 거야.
  A: 옷을 아주 멋지게 입었네.

  ▶ be dressed to kill (이성의 관심을 끌기 위해) 옷을 화려하게 입다 go downtown 도심[번화가]로 가다

You look gorgeous!
정말 예뻐! / 정말 멋져!

  A: Do you like this dress?
  B: You look gorgeous!

  A: 이 드레스 괜찮아?
  B: 정말 예뻐!

You're dressed up.
옷을 잘 차려입었네.

  A: You're dressed up.
  B: I have a date specially planned for us.
  A: I should change my clothes, then.

  A: 옷을 잘 차려입었네.
  B: 우리 둘을 위해 특별하게 계획한 데이트가 있지.
  A: 그럼 나도 옷을 갈아입어야겠다.

  ▶ be dressed up 옷을 잘 차려입다

I love you.

난 널 사랑해. I love you.라는 말은 너무 흔해서 이제는 특별하게 느껴지지 않을 정도입니다. 미국인들은 I love you.를 넘어 I need you. 정도가 돼야 결혼한다고 하죠.

I want you.
난 널 원해.

A: I want you.
B: Stay here tonight.
A: Are you sure?

A: 난 널 원해.
B: 오늘 밤 여기 있어 줘.
A: 진심이야?

I'm in love with you.
당신을 사랑해요.

A: I'm in love with you.
B: I'm in love with you, too!
A: Will you marry me?

A: 당신을 사랑해요.
B: 나도 당신을 사랑해요!
A: 나랑 결혼해줄래요?

You are totally my type.
당신은 완전히 내 타입이에요.

A: I think I'm falling in love with you.
B: You mean a lot to me, too, Ryan.
A: You are totally my type.

A: 난 당신을 사랑하는 것 같아요.
B: 라이언, 내게도 당신은 소중한 사람이에요.
A: 당신은 완전히 내 타입이에요.

▶ You mean a lot to me.는 '넌 나에게 큰 의미가 있다'라는 표현으로, 살면서 한 번은 비장의 카드로 써야 할 순간이 옵니다. 잘 외워두세요. totally 완전히

Did you sleep together?

너희 같이 잤어? 사랑이 깊어지면 육체적인 관계도 갖게 됩니다.
직설적인 have sex(섹스하다) 외에 make love(사랑을 만들다)와 같은 예쁜
표현도 알아둡시다.

We made love.
우린 사랑을 나눴어. / 우린 잤어.

    A: We made love.
    B: Seriously? How was it?
    A: It was amazing!

    A: 우린 사랑을 나눴어.
    B: 진짜야? 어땠어?
    A: 환상적이었어!

Did you do it?
그거 했어?

    A: Did you do it?
    B: No way!
    A: You should have slept with her!

    A: 그거 했어?
    B: 말도 안 돼!
    A: 걔랑 잤어야지!

It was just a one-nighter.
그냥 하룻밤 엔조이였을 뿐이야.

    A: You slept together?
    B: It was just a one-nighter.

    A: 너희 같이 잤어?
    B: 그냥 하룻밤 엔조이였을 뿐이야.

    ▶ one-nighter와 one-night stand는 욕망을 채우기 위해 '그저 하룻밤 같이 자는 것'을 말합니다.

Appearance
외모

- **tall** 키가 큰
- **short** 작은
- **be of medium[average] height** 중간 키다
- **fat** 뚱뚱한
- **chubby** 통통한, 토실토실 살찐
- **medium build** 보통 체격인
- **slim[slender]** 날씬한, 호리호리한
- **skinny** 빼빼 마른
- **bald** 대머리의
- **perm** 파마
- **long[short/straight/curly] hair** 긴[짧은] 머리 / 생머리 / 곱슬곱슬한 머리
- **thin[thick] hair** 숱이 적은[많은] 머리
- **blonde hair** 금발머리
- **dyed hair** 염색한 머리
- **ponytail** 하나로 묶은 머리, 말총머리
- **pigtail** (하나 또는 양 갈래로) 땋은 머리
- **bangs** 가지런히 내린 앞머리

● 주어진 우리말에 맞게 빈칸을 알맞게 채우세요.

1 _____ .
그녀는 섹시해.

2 _____ a _____ !
정말 멋진 남자야! / 저 남자 완전 킹카네!

3 _____ Saturday night?
토요일 저녁때 시간 있어?

4 _____ you _____ sometime?
언제 데이트할래요?

Sorry, 5 _____ else.
미안하지만 난 사귀는 사람 있어.

I 6 _____ a _____ .
난 남자친구가 있어.

You're 7 _____ .
옷을 아주 멋지게 입었네. / 옷차림이 죽이는데.

You 8 _____ !
정말 예뻐! / 정말 멋져!

정답   1. She's, hot   2. What, stud   3. Are, you, free
4. Would, like, to, go, out   5. I'm, seeing, someone
6. have, boyfriend   7. dressed, to, kill   8. look, gorgeous

238

I'm ⁹ _____ you.
당신을 사랑해요.

You are ¹⁰ _____ .
당신은 완전히 내 타입이에요.

We ¹¹ _____ .
우린 사랑을 나눴어. / 우린 잤어.

It was ¹² _____ a _____ .
그냥 하룻밤 엔조이였을 뿐이야.

You're ¹³ _____ .
옷을 잘 차려입었네.

I want to ¹⁴ _____ you _____ _____ . 네게 저녁 사주고 싶어.

I ¹⁵ _____ .
난 다른 계획이 있어.

He's ¹⁶ _____ .
쟤 진짜 잘생겼다.

I ¹⁷ _____ .
난 널 원해.

---

9. in, love, with   10. totally, my, type   11. made, love
12. just, one-nighter   13. dressed, up   14. take, out, to, dinner
15. have, other, plans   16. really, handsome   17. want, you

통째로 외워 쓰는 리얼 익스프레션

집에서

어린 시절 엄마가 하루에 꼭 한 번은 하던 잔소리가 있습니다. "밥 먹어라!"죠. 지금은 그립지만 그때는 그 말이 왜 그리 싫었는지 모르겠습니다. TV에서 재미난 것을 할 때가 꼭 밥 시간이었거든요.

요즘은 밥상 앞에서 TV는 안 보지만 대신 스마트폰을 만지작거리며 계속 들여다보고 있습니다. 이 모습을 바라보는 아내는 얼마나 복장 터지겠어요. 하지만 스마트폰 중독이라 도저히 손에서 놓을 수가 없네요. 저같은 사람이 점점 늘고 있다니 큰일입니다.

이번 장에서는 집에서 자주 듣고 쓰는 표현과 남을 집에 초대할 때, 초대받았을 때 쓸 수 있는 표현 등을 알아봅시다.

Dinner's ready!

저녁 다 됐다! 저녁밥 먹을 시간이라고 가족들을 식탁으로 불러 모으는 외침이죠. 미드를 보면 주로 1층 주방에서 2층 방에 있는 아이들에게 엄마가 큰소리로 외칩니다. Dinner's ready!라고.

Time to eat!
밥 먹을 시간이야!

A: Time to eat!
B: What are we having?
A: Spaghetti and garlic bread.

A: 밥 먹을 시간이야!
B: 오늘은 뭐 먹어요?
A: 스파게티와 마늘빵.

Would you set the table?
식탁 좀 차릴래?

A: Would you set the table?
B: Sure, what's for dinner?
A: We're having fish.

A: 식탁 좀 차릴래?
B: 그래, 저녁 메뉴가 뭐야?
A: 생선이야.

▶ set the table 상을 차리다

Who wants to say grace?
누가 식사기도 할래?

A: Who wants to say grace?
B: I'd like to say it.
A: Go ahead, Mark.

A: 누가 식사기도 할래?
B: 제가 할게요.
A: 시작하렴, 마크.

▶ say grace 식사 전에 감사 기도를 드리다   go ahead (일을) 시작하다[진행하다]

No TV during dinner.
저녁 먹는 중에 TV는 안 돼. 밥 먹을 때는 밥풀 튀기며 얘기하는 것이나 뭘 잔뜩 묻히고 먹는 것, 무언가를 읽거나 보는 것이 다 예절에 어긋납니다.

Don't talk with your mouth full.
입에 음식 넣은 채로 말하지 마.

   A: Don't talk with your mouth full.
   B: Sorry, I forgot.
   A: Try to remember.

    A: 입에 음식 넣은 채로 말하지 마.
    B: 죄송해요, 잊었어요.
    A: 기억하도록 해라.

   ▶ with *one's* mouth full 입에 음식을 가득 넣고

Wipe your mouth.
입도 닦아.

   A: You have some sauce on your chin.
   B: Are you sure?
   A: Wipe your mouth.

    A: 턱에 소스 묻었어.
    B: 정말?
    A: 입도 닦아.

   ▶ wipe 닦다, 훔치다   chin 턱

No reading at the table.
밥 먹으면서 뭐 읽지 마.

   A: Put your phone away.
   B: Why?
   A: No reading at the table.

    A: 핸드폰 좀 치워.
    B: 왜요?
    A: 밥 먹으면서 뭐 읽지 마.

   ▶ put *something* away ~을 치우다

What's on TV?

TV에서 뭘 해? TV 채널을 이리저리 돌리는 것을 flip channels 또는 channel surf라고 합니다. 이렇게 채널을 계속 바꾸는 건 TV에 볼 만한 것이 없기 때문이겠죠?

Stop flipping channels.
채널 좀 그만 돌려.

A: Stop flipping channels.
B: There's nothing interesting on TV tonight.
A: Let's go to the movies.

A: 채널 좀 그만 돌려.
B: 오늘 밤엔 TV에서 재미있는 걸 안 하네.
A: 영화나 보러 가자.

Is there anything good on TV?
TV에서 볼 만한 거 있어?

A: Is there anything good on TV?
B: Just re-runs.
A: I haven't seen this one before!

A: TV에서 볼 만한 거 있어?
B: 재방송뿐이야.
A: 이거 내가 전에 못 본 거야!

▶ re-run 재방송

Give me the remote.
리모컨 좀 줘.

A: Give me the remote.
B: No! You always choose boring shows.
A: But it's my turn to pick!

A: 리모컨 좀 줘.
B: 싫어! 넌 항상 재미없는 프로만 보잖아.
A: 하지만 이번엔 내가 고를 차례야!

▶ remote 리모컨

I'm going to bed.

난 자러 갈 거야. 잠자리에 들 시간이라고 말할 때 쓰는 표현은 다양합니다. 그중 하나인 hit the sack에는 have sex라는 의미도 있습니다.

I'm going to sleep.
나 자러 갈래.

A: I'm going to sleep.
B: We weren't done talking.
A: I'm not having this conversation tonight.

A: 나 자러 갈래.
B: 우리 얘기 안 끝났잖아.
A: 오늘 밤엔 더 얘기 안 할 거야.

▶ conversation 대화

I'm going to hit the sack.
나 잠이나 잘래.

A: I'm going to hit the sack.
B: Sleep well.
A: I'll see you tomorrow!

A: 나 잠이나 잘래.
B: 잘 자.
A: 내일 보자!

It's bed time.
잘 시간이야.

A: What time is it?
B: It's bed time.
A: Can I stay up 10 minutes longer?

A: 지금 몇 시예요?
B: 잘 시간이야.
A: 10분만 더 있어도 돼요?

▶ 가서 자라고 할 때 It's bed time.뿐 아니라 It's time to go to bed.나 Go to bed! 또는 You should sleep now.도 자주 씁니다.

Stop that!

그만해! 장난이 심한 사람들을 보고 그만하라고 할 때 Stop that!이라고 할 수 있습니다. Behave yourself.나 Language!는 주로 어린아이에게 말하는 표현이므로 조심해서 써야 합니다.

That's enough of that!
이제 그만해! / 그 정도면 됐어!

    A: Stop tapping your foot.
    B: But I'm so bored!
    A: That's enough of that!

A: 발로 탁탁거리는 거 그만해라.
B: 하지만 너무 심심하다고요!
A: 이제 그만해!

▶ tap (손가락이나 발로) 탁탁[톡톡] 치다

Behave yourself.
얌전히 굴어. / 예의바르게 행동해.

    A: You're staying overnight at Grandma's house tonight.
    B: Really?
    A: Yes. And I don't want to hear of any problems. Behave yourself.

A: 넌 오늘 밤 할머니 댁에서 자야 해.
B: 정말요?
A: 응. 그리고 엄마는 문제가 있었다거나 책잡힐 소리는 듣고 싶지 않아. 그러니 얌전히 굴어.

▶ behave (아이들이) 예절 바르게 굴다   stay overnight 1박하다

Language!
말조심해!

    A: Mom! That stupid jerk hit me!
    B: Language!

A: 엄마! 저 바보 멍청이가 날 때렸어요!
B: 말조심해!

Be careful!

조심해! 조심성 없이 덤벙대는 가족이나 친구에게 Be careful!이라고 크게 외쳐야 할 때가 종종 생깁니다. heads-up은 '경계', '경고', '주의'라는 의미가 있어서 Heads up!이라고 하면 조심하라는 말입니다.

Watch out!
조심해!

A: Watch out! The roads are really slippery today.
B: Relax. I'm a great driver.
A: Be careful!

A: 조심해! 오늘 도로가 너무 미끄러워.
B: 걱정 마. 난 운전의 달인이라고.
A: 조심해!

▶ watch out 조심하다, 주의하다   slippery 미끄러운

Look out!
조심해!

A: Look out!
B: There's a big mess here!
A: We're redoing the floor.

A: 조심해!
B: 여기 완전히 난장판이군!
A: 바닥 수리를 하고 있어.

▶ mess 엉망, 난장판   redo ~을 다시 하다

Heads up!
조심해!

A: Heads up!
B: Watch where you're throwing things!
A: I didn't see you there.

A: 조심해!
B: 좀 봐가면서 뭘 던져!
A: 네가 거기 있는지 몰랐어.

Be quiet!

조용히 해! Shh!는 조용히 시킬 때 입에 손가락을 대고 내는 소리입니다. Shut up!과 Button your lip!도 이제 그만 입을 다물라는 표현이죠. 하지만 이 두 표현은 가능한 조심해서 쓰는 게 좋습니다.

Shh!
쉿!

A: Shh!
B: I'm just talking.
A: You're being loud.

A: 쉿!
B: 난 그냥 얘기하고 있는 건데요.
A: 너 좀 시끄러워.

▶ loud 큰 소리로, 시끄러운

Shut up!
닥쳐!

A: I'm really mad at you.
B: I'm mad at you, too!
A: Shut up!

A: 나 정말 너한테 화났어.
B: 나도 너한테 화났어!
A: 닥쳐!

Button your lip!
입 다물어!

A: I'm going to tell Brian how you feel about him.
B: Button your lip!
A: He needs to know.

A: 브라이언한테 언니가 걔 어떻게 생각하는지 말할 거야.
B: 입 다물어!
A: 걔도 알아야 한다고.

▶ button *one's* lip[mouth] 입 다물다

It broke.

(그거) 고장 났어. 기계 등이 부서지거나 고장 났다고 할 때 break을 사용해 It broke. 또는 It's broken.이라고 할 수 있고, work를 써서 It's not working.이나 It doesn't work.라고도 합니다.

It's broken.
고장 났어. / 부서졌어.

A: I'm going to use the bathroom.
B: It's broken.
A: How can it be broken?

A: 화장실 좀 쓸게.
B: 고장 났어.
A: 어떻게 고장 날 수가 있어?

▶ How can ~?는 기가 막혀서 '어떻게 ~할 수 있어?'라고 물을 때 쓰는 패턴입니다.

It doesn't work.
고장 났어. / 작동하지 않아.

A: I want to watch TV.
B: It doesn't work.
A: When will it be fixed?

A: TV 보고 싶어.
B: 고장 났어.
A: 언제 고칠 거니?

▶ work (기계가) 작동하다   fix 수리하다, 고치다

The toilet is leaking.
화장실에서 물이 새.

A: The toilet is leaking.
B: Are you sure?
A: Yes! There's water all over the floor!

A: 화장실에서 물이 새.
B: 진짜?
A: 그렇다니까! 바닥이 온통 물바다야!

▶ leak (액체 등이) 새다

It crashed.

컴퓨터가 다운됐어. crash에는 '부서지다', '깨지다'라는 뜻뿐 아니라 '(컴퓨터가) 갑자기 기능을 멈추다[다운되다]'라는 의미도 있습니다. The screen is frozen.을 직역하면 '스크린이 얼었다'는 의미로 다시 말해, 화면이 움직이지 않고 다운된 상태를 가리킵니다.

The screen is frozen.
화면이 움직이지 않아.

A: What happened to your computer?
B: The screen is frozen. How do I fix it?
A: Call Frank.

A: 네 컴퓨터 왜 그래?
B: 화면이 움직이지 않아. 어떻게 고치지?
A: 프랭크에게 전화해.

It keeps crashing.
자꾸 다운돼.

A: My computer is making it difficult to finish the work.
B: Why is that?
A: It keeps crashing.

A: 내 컴퓨터 때문에 일을 끝내기가 힘들어.
B: 왜?
A: 자꾸 다운돼.

▶ keep+동사ing는 '계속 ~하다'라는 표현입니다.

The monitor is wavy.
모니터 화면에 물결이 생겨.

A: I'm having a hard time reading the document.
B: Why can't you read it?
A: The monitor is wavy.

A: 문서 읽기가 힘들어.
B: 왜 읽기가 힘든데?
A: 모니터 화면에 물결이 생겨.

▶ wavy 물결 모양의   document 문서, 서류

Are you free later today?

이따가 시간 있어? Are you free ~?는 시간이 있는지 물어보는 표현입니다. Are you free for dinner tonight(오늘 저녁 같이할 시간 되니)? 라고 초대받았을 때 Can I bring anything(뭐 가져갈까)?라고 물어보면 초대를 하는 사람이나 초대받는 사람이나 부담이 없겠죠?

Can I bring anything?
뭐 가져갈까?

    A: Would you like to come to dinner tomorrow?
    B: Yes! Can I bring anything?
    A: Could you bring dessert?

       A: 내일 저녁 먹으러 오지 않을래?
       B: 좋아! 뭐 가져갈까?
       A: 디저트 가져와줄래?

Please come in.
들어오세요.

    A: Welcome to my place! Please come in.
    B: Thanks for inviting us to the party.

       A: 우리 집에 오신 걸 환영합니다! 들어오세요.
       B: 파티에 초대해줘서 고마워요.

    ▶ my place 우리 집 invite 초대하다

Please make yourself at home.
편하게 있어.

    A: Please make yourself at home.
    B: Do you need any help with anything?
    A: No, dinner is already prepared.

       A: 편하게 있어.
       B: 뭐 좀 도와줄까?
       A: 아니, 저녁 준비가 다 되어 있어.

    ▶ make *oneself* at home 자기 집에 있는 것처럼 편하게 있다

Help yourself.

마음껏 드세요. 마음껏 먹으라고 할 때 Help yourself.를 씁니다.
Please, help yourself to the dishes here.라고 하면 '여기 음식들, 마음껏 드세요'라는 뜻이고, Help yourself to more coffee if you want.는 '원하시면 마음껏 커피를 드세요'라는 의미입니다.

You want some coffee?
커피 마실래?

    A: You want some coffee?
    B: That would be nice, thank you!
    A: Any cream or sugar?

    A: 커피 마실래?
    B: 좋지, 감사!
    A: 크림이나 설탕 넣어?

Here, try some.
자, 좀 먹어봐.

    A: How's the steak?
    B: Amazing! Here, try some.
    A: Do you have any red wine, too?

    A: 스테이크 어때?
    B: 환상이야! 자, 좀 먹어봐.
    A: 레드 와인도 있니?

Would you like a taste?
드셔 보실래요? / 맛 좀 보시겠어요?

    A: Your dessert looks amazing!
    B: Would you like a taste?
    A: I'd love one.

    A: 디저트가 맛있어 보이네요!
    B: 드셔 보실래요?
    A: 기꺼이 한입 맛볼게요.

▶ taste에는 '맛', '시식', '맛보기'라는 뜻이 있습니다.

Oh, look at the time!

어, 시간이 벌써 이렇게 됐네! 모임을 끝내고 자리를 떠야 할 때 쓸 수 있는 표현을 알아봅시다. 이제 가야 할 시간임을 알리면서 초대해줘서 고맙다고 작별 인사를 하면 되겠죠?

Well, it's getting late!
이런, 많이 늦었네!

    A: Well, it's getting late!
    B: Yes, I should be going.
    A: This has been a really fun night.

    A: 이런, 많이 늦었네!
    B: 그러게. 나 가야겠다.
    A: 오늘 밤 정말 즐거웠어.

    ▶ '오늘 밤 즐거웠어'를 This has been a really fun night.이라고도 말합니다.

We should get going.
우리 이제 가야겠다.

    A: We should get going.
    B: You're right. We have to get up early tomorrow.

    A: 우리 이제 가야겠다.
    B: 그러게. 우리 내일 일찍 일어나야 하잖아.

    ▶ get+동사ing는 회화에서 많이 쓰는 표현으로 '~하기 시작하다'라는 의미입니다.

Thank you for inviting us.
초대해줘서 고마워.

    A: Thank you for inviting us.
    B: I hope you had fun.
    A: We had a blast! We have to get together again soon.

    A: 초대해줘서 고마워.
    B: 즐거운 시간이었기를 바라.
    A: 진짜 재미있었어! 우리 조만간 또 만나자.

    ▶ Thank you for inviting us. 대신 Thank you so much for having us over.를 쓸 수 있습니다. We had a blast!는 '정말 너무나 재미있었다'라는 뜻입니다.

Let's go.

가자. 떠나야 할 때 쓰는 표현 중 We'd better hit the road.가 있는데, hit에는 여러 의미가 있습니다. hit the road는 '떠나다'라는 의미고, 엘리베이터에서 hit five하면 '5층 버튼을 누르다', hit the sack은 '자다'라는 뜻입니다.

Time to go.
가야 할 시간이야.

    A: Are you ready? Time to go.
    B: Just 10 more minutes!
    A: You have 5 minutes!

    A: 준비됐어? 가야 할 시간이야.
    B: 딱 10분만 더!
    A: 5분 남았어!

Ready to go?
갈 준비됐어?

    A: Ready to go?
    B: Yes! Where are we going?
    A: It's a surprise.

    A: 갈 준비됐어?
    B: 응! 우리 어디 가는데?
    A: 비밀~.

▶ It's a surprise.나 Surprise!는 상대를 깜짝 놀라게 하려고 비밀리에 뭔가를 준비 중일 때 씁니다.

We'd better hit the road.
떠나는 게 나을 것 같아.

    A: It's starting to snow pretty hard.
    B: We'd better hit the road.
    A: Yeah, before it starts to get slick.

    A: 눈이 장난 아니게 내리기 시작하네.
    B: 떠나는 게 나을 것 같아.
    A: 그래, 길이 미끄러워지게 전에.

▶ slick 미끄러운

Can I call you a taxi?

택시 불러줄까? 즐거운 모임이 끝나고 각자의 집으로 돌아가야 할 때 "택시 불러줄까?"라든가 "집에 찾아갈 수 있겠어?"라고 출발해야 하는 사람에게 물어보면 배려심 많고 착하다는 평판을 얻게 될 것입니다.

Can you find your way home?
집에 찾아갈 수 있겠어?

A: Can you find your way home?
B: It's just straight down Main Street.
A: Text me when you get home.

A: 집에 찾아갈 수 있겠어?
B: 메인 가 따라 쭉 내려가면 돼.
A: 집에 도착하면 나한테 문자 보내.

▶ straight (똑)바로, 곧장, 쭉

Do you want some coffee before you go?
출발하기 전에 커피 마실래?

A: Are you sure you're okay to drive?
B: I did have a lot to drink.
A: Do you want some coffee before you go?

A: 운전해도 괜찮겠어?
B: 내가 술을 엄청 많이 마시긴 했지.
A: 출발하기 전에 커피 마실래?

Are you sober enough to drive?
운전해도 될 만큼 술이 깼어?

A: Why don't you stay the night?
B: No, I should go home.
A: Are you sober enough to drive?

A: 자고 가는 게 어때?
B: 아니, 집에 갈래.
A: 운전해도 될 만큼 술이 깼어?

▶ sober 술 취하지 않은 Why don't you ~? ~하는 게 어때?

Housework
가사일

- **dust** 먼지를 털다
- **mop** 대걸레로 닦다
- **polish** 광이 나도록 닦다
- **vacuum clean** 진공청소기로 청소하다
- **wash** 빨래하다
- **do the laundry** 세탁하다
- **fold the laundry** 빨래를 개다
- **iron** 다리미질하다
- **set the table** 상을 차리다
- **do the dishes** 설거지를 하다
- **wash up** 접시를 닦다
- **clean up[tidy up]** 정리·정돈하다, 청소하다
- **make the bed** 잠자리를 정돈하다, 이불을 개다
- **mow the lawn** 잔디를 깎다
- **water the plants** 화초에 물을 주다
- **take out the trash** 쓰레기를 내다 버리다
- **feed the pet** 애완동물에게 먹이를 주다
- **take the dog for a walk** 개를 산책시키다

● 주어진 우리말에 맞게 빈칸을 알맞게 채우세요.

Would you ¹   ?
식탁 좀 차릴래?

²   !
저녁 다 됐다!

Don't talk ³
         . 입에 음식 넣은 채로 말하지 마.

⁴   ?
TV에서 뭘 해?

I'm going to ⁵   .
나 잠이나 잘래.

⁶   .
얌전히 굴어. / 예의바르게 행동해.

⁷   doesn't   .
고장 났어. / 작동하지 않아.

The toilet ⁸   .
화장실에서 물이 새.

정답 1. set, the, table   2. Dinner's, ready   3. with, your, mouth, full
       4. What's, on, TV   5. hit, the, sack   6. Behave, yourself
       7. It, work   8. is, leaking

The screen ⁹ _____ _____ .

화면이 움직이지 않아.

¹⁰ _____ _____ that!

이제 그만해! / 그 정도면 됐어!

¹¹ _____ your _____ !

입 다물어!

Please ¹² _____ _____ _____ _____ . 편하게 있어.

¹³ _____ _____ .

마음껏 드세요.

Would you like ¹⁴ _____ _____ ?

드셔 보실래요? / 맛 좀 보시겠어요?

We should ¹⁵ _____ _____ .

우리 이제 가야겠다.

Are you ¹⁶ _____ _____ _____ _____ ? 운전해도 될 만큼 술이 깼어?

¹⁷ _____ _____ _____ anything?

뭐 가져갈까?

---

9. is, frozen   10. That's, enough, of   11. Button, lip
12. make, yourself, at, home   13. Help, yourself   14. a, taste
15. get, going   16. sober, enough, to, drive   17. Can, I, bring

257

통째로 외워 쓰는 리얼 익스프레션

식당에서

먹고 마시는 것은 사람이 가장 관심을 갖는 주제라고 할 수 있죠.
허기지면 뭘 먹어도 맛있지만, 일단 배가 부르면 세상에서 가장 날카로운 평론가가 되어 음식 맛에 대해 미주알고주알 평가하고, 후식으로 커피를 마시거나 자리를 옮겨 술을 한잔 하기도 합니다. 그러다 기분이 좋아지면 술값을 내겠다고 객기를 부리죠. 다음날 후회할 것을 알면서도 말이죠.
지금부터는 배고프다고 말하는 것에서부터 식후 한잔까지, 먹는 것과 관련한 맛깔난 표현을 알아봅시다.

I'm hungry.

배고파. hungry 말고도 배고프다는 것을 나타내는 재미있는 표현이 많습니다. I'm starving to death.는 말 그대로 '배고파 죽겠다'라는 말이고, I'm so hungry I could eat a horse.는 '너무 배가 고픈 나머지 말이라도 먹겠다'라는 표현입니다.

I'm starving.
정말 배고파.

A: I'm starving.
B: We haven't eaten all day.
A: Let's stop for lunch.

A: 정말 배고파.
B: 우리 온종일 아무것도 못 먹었어.
A: 어디서 점심 먹고 가자.

▶ starve 굶주리다

I'm starving to death.
배고파 죽겠어.

A: I'm starving to death.
B: Didn't you eat breakfast?
A: No, I got up late.

A: 배고파 죽겠어.
B: 아침 안 먹었어?
A: 안 먹었어. 늦잠 잤거든.

I'm so hungry I could eat a horse.
너무 배고파서 뭐든 먹을 수 있을 것 같아.

A: I'm so hungry I could eat a horse.
B: What do you want to eat?
A: Please make me a sandwich.

A: 너무 배고파서 뭐든 먹을 수 있을 것 같아.
B: 뭐 먹을래?
A: 샌드위치 만들어줘.

Do you want something to eat?

뭐라도 좀 먹을래? 뭐 좀 먹거나 마시겠냐고 물을 때 흔히 Do you want something to eat[drink]?라고 합니다. 구체적인 메뉴를 물어볼 때는 What do you want to eat for lunch(점심으로 뭐 먹을래)?처럼 묻죠.

Let's go out for lunch.
점심 먹으러 가자.

    A: I'm starving. Let's go out for lunch.
    B: Sounds great!

    A: 배가 엄청 고파. 점심 먹으러 가자.
    B: 좋지!

Do you want to grab a bite?
뭐 좀 간단히 먹을래?

    A: I'm hungry.
    B: Do you want to grab a bite?
    A: I don't have any money.

    A: 배고파.
    B: 뭐 좀 간단히 먹을래?
    A: 돈이 한 푼도 없어.

    ▶ grab a bite (to eat) 간단히 먹다

Will you go out to dinner with me?
나랑 저녁 먹으러 갈래?

    A: Ken suddenly blew me off!
    B: Really? Then, will you go out to dinner with me?
    A: Sure, I don't have other plans.

    A: 켄이 갑자기 날 바람맞혔어!
    B: 정말? 그럼 나랑 저녁 먹으러 갈래?
    A: 그래, 다른 계획은 없어.

    ▶ blow *someone* off 바람맞히다, 관계를 정리하다

We need a table for four.

네 명 자리 있어요? 식당에서 원하는 자리를 찾을 때 쓰는 표현을 알아봅시다. '네 사람 자리'는 a table for four, '창가 자리'는 by the window, '금연석'은 a non-smoking table이라고 합니다.

Can we sit by the window?
창가에 자리가 있을까요?

   A: We need a table for four. Can we sit by the window?
   B: Right this way.

   A: 4명 자리가 필요한데요. 창가에 자리가 있을까요?
   B: 이쪽으로 오시죠.

Do you have a table in the non-smoking section?
금연석 쪽에 자리 있어요?

   A: We have several tables open.
   B: Do you have a table in the non-smoking section?
   A: Yes, right this way.

   A: 현재 빈 테이블이 몇 개 있습니다.
   B: 금연석 쪽에 자리 있어요?
   A: 물론이죠. 이쪽으로 오십시오.

   ▶ section 구획, 부문 open 비어 있는, 공석인

When can we get a table?
언제쯤 자리가 날까요?

   A: When can we get a table?
   B: About 10 minutes.
   A: That's what you said 30 minutes ago!

   A: 언제쯤 자리가 날까요?
   B: 한 10분 정도요.
   A: 30분 전에도 똑같은 말을 했잖아요!

I haven't decided yet.

(뭘 주문할지) 아직 결정하지 못했어요. 아직 마음을 못 정했을 때 이 문장을 쓸 수 있는데 이때 주의할 것은 didn't decide가 아니라 haven't decided를 써야 한다는 점입니다.

I'm not ready to order yet.
아직 주문할 준비가 안 됐어요.

    A: What can I get for you?
    B: I'm not ready to order yet.
    A: Okay. Just let me know when you're ready.

    A: 뭘 드릴까요?
    B: 아직 주문할 준비가 안 됐어요.
    A: 알겠습니다. 준비되면 말씀하세요.

I need a few more minutes to decide.
결정하는 데 시간이 조금 더 필요해.

    A: I think I'm getting the chicken.
    B: I need a few more minutes to decide.
    A: We can wait to order.

    A: 난 닭 먹을래.
    B: 결정하는 데 시간이 조금 더 필요해.
    A: 기다렸다 주문하면 돼.

    ▶ I need a couple more minutes to decide.도 같은 의미의 표현입니다.

What's your special today?
오늘의 추천 요리는 뭐예요?

    A: May I take your order?
    B: I haven't decided yet. What's your special today?
    A: Bacon and scrambled eggs.

    A: 주문하시겠어요?
    B: 아직 결정하지 못했어요. 오늘 오늘의 추천 요리는 뭐예요?
    A: 베이컨과 스크램블드 에그입니다.

    ▶ 간단히 What do you recommend(요리를 추천해주세요)?라고 물어도 됩니다.

Coffee, please.

커피 주세요. '커피 한 잔'이라고 해서 꼭 a cup of coffee라고 해야 하는 건 아닙니다. Two coffee, please(커피 두 잔 주세요.)처럼 말해도 됩니다. 음식 이름 뒤에 please만 붙여도 성공적으로 음식을 주문할 수 있습니다.

Give me a beer.
맥주 주세요.

> A: What can I get for you?
> B: Give me a beer.
> A: Coming right up!
>
> A: 무엇을 드릴까요?
> B: 맥주 주세요.
> A: 바로 대령하겠습니다!

I'll have the New York steak.
뉴욕 스테이크로 할게요.

> A: I'll have the New York steak.
> B: How would you like the steak?
> A: Well-done, please.
>
> A: 뉴욕 스테이크로 할게요.
> B: 스테이크는 어떻게 익혀드릴까요?
> A: 웰던으로 해주세요.
>
> ▶ 스테이크를 주문하면 항상 고기 굽기를 어떻게 할지 물어봅니다. 바짝 잘 익힌 것은 well-done, 중간에서 조금 더 익힌 것은 medium-well, 중간 정도로 익힌 것은 medium, 피가 뚝뚝 떨어질 정도로 살짝 익힌 것은 rare라는 것을 알아두세요.

I'll try one of your specials today.
(이 식당의) 오늘의 추천 요리 중 하나를 먹을게요.

> A: Ready to order?
> B: I'll try one of your specials today.
> A: Well, if I were you, I would have the rib-eye steak.
>
> A: 주문하시겠어요?
> B: 오늘의 추천 요리 중 하나를 먹을게요.
> A: 음, 저라면 립아이 스테이크를 먹겠습니다.

It's delicious.

맛있어요. 남이 해준 음식을 먹을 때는 아무리 맛없어도 맛있다고 하는 게 예의죠. 물론 식당에서라면 고기가 '질기다(tough)', '덜 익었다(undercooked)', '맛이 짜다(too salty)', '느끼하다(greasy)'라고 구체적으로 지적해도 됩니다.

Tastes great.
맛있어요.

> A: How is everything?
> B: Tastes great.
> A: Would you like seconds?
>
> A: 식사 어떠셨어요?
> B: 맛있어요.
> A: 더 드시겠어요?
>
> ▶ How is everything?은 상황에 따라 '식사 어떠세요?', '요즘 별일 없으시죠?' 등의 의미로 쓰입니다. seconds는 '한 그릇 더', '두 그릇째'라는 의미가 있어서 Would you like seconds?는 '식사를 좀 더 하시겠어요?'라는 표현입니다.

This is just great.
정말 맛있어요.

> A: How is the macaroni and cheese?
> B: This is just great.
>
> A: 마카로니 앤 치즈 어때요?
> B: 정말 맛있어요.

This tastes like shit.
이거 더럽게 맛없네.

> A: This tastes like shit.
> B: Tell the waiter to send it back.
>
> A: 이거 더럽게 맛없네.
> B: 웨이터에게 말해서 되돌려보내.
>
> ▶ 미드나 영화에서 뭔가 일이 뜻대로 안 될 때 아주 찰지게 Shit!이라고 욕하는 모습을 자주 봤을 것입니다. shit은 '불쾌한 상황', '쓸모없는 놈' 등과 같은 의미가 있습니다. send back 되돌려보내다

How about a beer?

맥주 한잔 할래? 커피나 술 한잔 하겠냐고 권할 때 How about ~?
문장패턴을 많이 씁니다. 간단하게 Want some coffee?처럼 말해도 돼요.

How about a cup of coffee?
커피 하실래요?

> A: Would you like something to drink?
> B: Yes, do you have any tea?
> A: No. How about a cup of coffee?

A: 뭐 좀 마실래요?
B: 예, 차 있어요?
A: 차는 없고, 커피 하실래요?

I think we'll grab some drinks after work.
퇴근 후에 한잔 하는 게 어떨까 하는데.

> A: I think we'll grab some drinks after work.
> B. Mind if I join you?
> A. Not at all!

A: 퇴근 후에 한잔 하는 게 어떨까 하는데.
B: 나도 함께 가도 돼?
A: 물론이지!

▶ 동사로 drink는 '마시다'라는 의미고 명사로는 '음료', '술'이라는 뜻이 있습니다. Not at all.은 상대방의 감사 표현을 정중하게 받아들이거나 어떤 일에 정중히 동의할 때 씁니다.

Let's go for a drink.
한잔 하러 가자.

> A: You look rough. Let's go for a drink.
> B: It's been a long day.

A: 너 피곤해 보인다. 한잔 하러 가자.
B: 힘든 하루였어.

▶ rough에는 '(생활이나 일이) 고된[힘든]'이라는 의미가 있습니다. It's been a long day. 는 하루가 길고 힘들었다고 말할 때 쓰는 표현입니다.

Cheers!

건배! 경사가 생기면 사람들은 모여 술잔을 들고 건배를 합니다.
이때 외치는 게 바로 Cheers!입니다.

Here's to you!
당신을 위하여 건배!

    A: Congratulations on your promotion.
    B: Thank you!
    A: Please raise your glass for a toast. Here's to you!

   A: 승진 축하해요.
   B: 고마워요!
   A: 건배할 거니 잔을 들어주세요. 당신을 위하여 건배!

  ▶ congratulations on은 '~을 축하하다'라는 표현입니다. Please raise your glass for a toast.는 '건배할 거니 잔을 들어주세요'라는 의미로 여러 사람에게 말할 때는 your glasses라고 합니다. toast 건배

Bottoms up!
건배! / 원 샷! / 죽 들이켜!

    A: It's been a shitty day.
    B: Let's get drunk!
    A: Bottoms up!

   A: 힘든 하루였어.
   B: 취하도록 마셔보자!
   A: 건배!

  ▶ bottom (용기의) 바닥, 밑 shitty 재미없는, 끔찍한 get drunk 취하다

To life!
인생을 위해 (건배)!

    A: What are we drinking to?
    B: To life!
    A: Cheers to life!

   A: 뭘 위해 건배하지?
   B: 인생을 위해!
   A: 인생을 위해 건배!

It's on me.

내가 낼게. 기분 좋게 한턱내겠다고 할 때 I'll pick up the bill.이나 I'll treat. 또는 It's my treat.라는 표현을 자주 씁니다. 참고로, 먹은 것을 각자 계산하자고 할 때는 Let's split the bill.이라고 합니다. 더치페이라는 말은 외국에서는 거의 쓰지 않습니다.

Let me get this.
이건 내가 낼게. / 내가 계산할게.

    A: We need separate checks for dinner.
    B: Let me get this.
    A: You don't have to pay!

    A: 저녁 식삿값은 따로 내자.
    B: 이건 내가 낼게.
    A: 네가 살 필요 없어!

▶ separate 별도의   check 계산서, 전표

I'm buying.
내가 살게. / 내가 계산할게.

    A: Let's get pizza for dinner.
    B: I don't have any cash.
    A: I'm buying.

    A: 저녁에 피자 먹자.
    B: 나 돈이 없어.
    A: 내가 살게.

Drinks are on me tonight.
오늘 밤 술값은 내가 낼게.

    A: Drinks are on me tonight.
    B: Are you sure? Why?
    A: In celebration of your engagement.

    A: 오늘 밤 술값은 내가 낼게.
    B: 진짜? 왜?
    A: 너의 약혼을 축하하는 의미로.

▶ in celebration of ~을 축하하여

Check, please.

계산서 주세요. 식사를 마치면 계산을 합니다. 고급 레스토랑에서는 계산서를 요청해야 가져다주는 곳도 있습니다. '계산서'를 보통 bill이라고 하는데 bill 대신 check이나 tab을 쓸 수 있습니다.

I'd like the bill, please.
계산서 주세요.

    A: Is there anything else I can get for you?
    B: I'd like the bill, please.
    A: Let me grab that for you.

    A: 뭐 더 드릴까요?
    B: 계산서 주세요.
    A: 가져다 드릴게요.

Could I have the bill?
계산서 주시겠어요?

    A: Would you like another drink?
    B: No. Could I have the bill?
    A: Of course.

    A: 한 잔 더 하시겠어요?
    B: 아니요. 계산서 주실래요?
    A: 물론이죠.

Could I have the check?
계산서 주시겠어요?

    A: Could I have the check?
    B: Sure, let me get that for you.
    A: Thank you.

    A: 계산서 주시겠어요?
    B: 물론이죠. 가져다 드릴게요.
    A: 감사합니다.

Menu & Dessert

메뉴와 디저트

- **appetizers** 전채요리, 애피타이저
- **children's menu** 어린이용 메뉴
- **lunch menu** 점심 메뉴
- **main course** 주요리
- **course** 코스요리
- **fish dish** 생선요리
- **meat dish** 고기요리
- **side dish** 곁들임 요리(사이드 메뉴)
- **noodle** 누들, 국수
- **soup** 수프
- **doughnut** 도넛
- **ice cream** 아이스크림
- **apple pie** 애플파이
- **muffin** 머핀
- **pancake** 팬케이크
- **scone** 스콘
- **chocolate mousse** 초콜릿 무스
- **custard** 커스터드(소스)

● 주어진 우리말에 맞게 빈칸을 알맞게 채우세요.

I'm ¹ _____ .
배고파 죽겠어.

I'm so hungry I ² _____ .
너무 배고파서 뭐든 먹을 수 있을 것 같아.

Do you want to ³ _____ a _____ ?
뭐 좀 간단히 먹을래?

We need ⁴ _____ .
네 명 자리 있어요?

Can we ⁵ _____ ?
창가에 자리가 있을까요?

Do you ⁶ _____ a _____ in the section?
금연석 쪽에 자리 있어요?

I ⁷ _____ yet.
(뭘 주문할지) 아직 결정하지 못했어요.

⁸ _____ today?
오늘의 추천 요리는 뭐예요?

정답 1. starving, to, death   2. could, eat, a, horse   3. grab, bite
      4. a, table, for, four   5. sit, by, the, window   6. have, table, non-smoking
      7. haven't, decided   8. What's, your, special

270

9 **I'll have** the New York steak.
뉴욕 스테이크로 할게요.

This 10 **tastes like shit**.
이거 더럽게 맛없네.

I think we'll 11 **grab** some **drinks after work**. 퇴근 후에 한잔 하는 게 어떨까 하는데.

Let's go 12 **for** a **drink**.
한잔 하러 가자.

13 **Here's to** you!
당신을 위하여 건배!

14 **Bottoms up**!
건배 / 원 샷 / 쭉 들이켜!

It's 15 **on me**.
내가 낼게.

16 **Let me get** this.
이건 내가 낼게. / 내가 계산할게.

17 **I'd like** the **bill**, please.
계산서 주세요.

9. I'll, have   10. tastes, like, shit   11. grab, drinks, after, work
12. for, drink   13. Here's, to   14. Bottoms, up   15. on, me
16. Let, me, get   17. I'd, like, bill

통째로 외워 쓰는 리얼 익스프레션

아프고 위급할 때

살다가 아플 때만큼 서러운 시기가 있을까요? 특히 집 떠나 혼자 사는 자취생들은 아플 때 가장 외롭다고 합니다. 그래서 오랜 자취 생활을 청산하고 결혼을 구체적으로 고려하기도 하죠.
아플 때 어디가 어떻게 아픈지 자신의 증상을 설명할 수 있어야 합니다. 의사 앞이든 911(미국의 긴급 전화번호. 우리나라로 치면 119)에 전화했을 때든 어떤 상황인지 제대로 설명할 수 있어야 적절한 도움을 받을 수 있습니다. 아파서 정신 없는 상황에 영어까지 어떻게 하냐고요? 그래서 아플 때 쓸 수 있는 알짜 표현을 미리 익혀둬야 하는 겁니다!

You look tired.

너 피곤해 보여. 녹초가 돼서 쓰러져 있는 친구가 걱정되어 "피곤해 보인다. 뭔 일 있어?"라고 묻고 싶을 때가 있죠. 남자들끼리는 친할수록 You look like shit.처럼 욕도 섞어서 걱정해줍니다.

You don't look good.
너 컨디션이 안 좋아 보이네.

  A: You don't look good.
  B: I didn't sleep well last night.
  A: I'm sorry to hear that!

 A: 안 좋아 보이네.
 B: 어젯밤에 잠을 잘 못 잤어.
 A: 저런!

You look pale.
창백해 보이네.

  A: You look pale.
  B: I don't feel very good.
  A: You should go home.

 A: 창백해 보이네.
 B: 몸 상태가 별로야.
 A: 집에 가.

You look like hell.
안색이 안 좋아 보여.

  A: I was up all night with the baby.
  B: You look like hell.
  A: I feel like hell, too.

 A: 아기 때문에 밤을 꼬박 새웠어.
 B: 안색이 안 좋아 보여.
 A: 상태도 안 좋아.

 ▶ look like hell은 '안색이 좋지 않다'라는 뜻으로 몹시 피곤하고 아파 보이는 사람에게 쓰는 표현입니다.

I'm sick.

나 (몸이) 아파. 몸 상태가 안 좋고 아플 때 I'm sick. 또는 I don't feel well.이라고 말해봅시다.

I don't feel well.
몸이 안 좋아.

    A: I won't be coming to work today.
    B: What's wrong?
    A. I don't feel well. I think I have the flu.

    A: 오늘 출근 안 할 거야.
    B: 무슨 일 있어?
    A: 몸이 안 좋아. 독감에 걸린 것 같아.

    ▶ come to work 출근하다   have the flu 독감에 걸리다

I need to get some rest.
좀 쉬어야 해.

    A: The doctor told me I have a sinus infection.
    B: What do you have to do for it?
    A: I need to get some rest.

    A: 병원에 갔더니 축농증이래.
    B: 그럼 어떻게 해야 해?
    A: 좀 쉬어야 해.

    ▶ rest 휴식   have a sinus infection 축농증을 앓다

You should go to the doctor.
병원에 가봐. / 진찰받아봐.

    A: You look pale!
    B: I'm so sick.
    A: You should go to the doctor.

    A: 얼굴이 창백하네!
    B: 나 너무 아파.
    A: 병원에 가봐.

    ▶ go to the doctor 병원에 가다, 진찰을 받다

I have a headache.

두통이 있어. have a toothache[runny nose/sore throat]은 각각 '치통이 있다', '콧물이 나다', '목이 아프다'라는 표현입니다. 아픈 친구에게 병원에 가보라고(You should go to the doctor.) 하거나 약을 먹으라고(Take some medicine.) 조언할 수 있겠죠.

My head is killing me.
머리가 너무 아파.

A: My head is killing me.
B: You shouldn't have had so much wine last night.
A: I think I'm going to throw up.

A: 머리가 너무 아파.
B: 어젯밤에 와인을 그렇게 퍼마시지 말았어야지.
A: 토할 것 같아.

I'm dizzy.
어지러워.

A: I'm dizzy.
B: Do you need some water?
A: Yes, I think that will help.

A: 어지러워.
B: 물 좀 줄까?
A: 그래, 물 마시면 좀 나아질 것 같아.

▶ dizzy 어지러운

The room is spinning.
방이 빙빙 돌아.

A: The room is spinning.
B: Here. You should sit down.
A: I think I'm going to fall down.

A: 방이 빙빙 돌아.
B: 자, 너 좀 앉아야겠다.
A: 쓰러질 것 같아.

▶ spin 빙빙 돌다, 회전시키다　fall down 넘어지다, (계단 등에서) 굴러 떨어지다

I'm allergic to cats.

난 고양이 알레르기가 있어. 알레르기로 고생하는 사람들이
꼭 알아둬야 하는 표현이 I'm allergic to ~입니다. 알레르기 반응이 일 정도로
질색하는 대상에도 쓸 수 있는데, 집안일을 싫어하는 남자들은 이렇게 말하겠죠,
I'm allergic to housework.

I'm allergic to dust.
난 먼지 알레르기가 있어.

    A: I can't vacuum the floor.
    B: Why not?
    A: I'm allergic to dust.

    A: 난 바닥 청소는 못 해.
    B: 왜 못 하는데?
    A: 먼지 알레르기가 있단 말이야.

    ▶ vacuum 진공청소기로 청소하다 floor 바닥, 마루 dust 먼지

I can't eat strawberries.
저는 딸기를 못 먹어요.

    A: Would you like some strawberry shortcake?
    B: I can't eat strawberries.
    A: Are you allergic?

    A: 딸기 쇼트케이크 드실래요?
    B: 저는 딸기를 못 먹어요.
    A: 알레르기 체질이세요?

I can't have any dairy products.
전 유제품을 못 먹어요.

    A: Would you like some milk?
    B: I can't have any dairy products.
    A: I also have water or tea.

    A: 우유 드실래요?
    B: 전 유제품을 못 먹어요.
    A: 물이나 차도 있어요.

    ▶ dairy product(s) 유제품

I feel like throwing up.

토할 것 같아. 몸이 안 좋아서 토할 것 같을 때 I feel like throwing up.이라고 합니다. throw up 대신 puke나 vomit을 써도 됩니다.

I'm gonna puke.
토할 것 같아.

A: How was the ride?
B: I'm gonna puke.
A: Was it that bad?

A: 그 놀이기구는 어땠어?
B: 토할 것 같아.
A: 그렇게 별로였어?

▶ ride 놀이기구

I think I'm going to vomit.
토할 것 같아.

A: How are you feeling today?
B: I think I'm going to vomit.
A: A terrible hangover, huh?

A: 오늘 기분 어때?
B: 토할 것 같아.
A: 숙취가 심하네.

▶ hangover 숙취

I'm gonna barf.
토할 것 같아.

A: I have morning sickness.
B: What does that feel like?
A: I'm gonna barf.

A: 나 입덧해.
B: 그럴 때 느낌이 어떤데?
A: 토할 것 같아.

▶ barf 토하다 morning sickness 입덧

It hurts right here.

바로 여기가 아파요. hurt는 '다치게 하다', '아프게 하다'라는 단어입니다. 몸이 다쳤을 때 말고 마음이 아플 때도 쓸 수 있죠.

I can't hold food down.
소화가 안 돼요.

    A: Are you having any trouble eating?
    B: I can't hold food down.
    A: How about water?

    A: 먹는 데 문제 있어요?
    B: 소화가 안 돼요.
    A: 물은 어때요?

    ▶ hold food down (음식을) 소화하다

It keeps bleeding.
피가 계속 나.

    A: It keeps bleeding.
    B: Did you put a bandage on it?
    A: No, I didn't have any.

    A: 피가 계속 나.
    B: 붕대 감았어?
    A: 아니, 붕대가 없었어.

    ▶ bleed 피를 흘리다   put a bandage on[around] 붕대를 감다, 밴드를 붙이다

It looks like you're getting a bruise.
너 멍이 든 것 같아.

    A: What did you hurt?
    B: I bumped my leg, right here.
    A: It looks like you're getting a bruise.

    A: 어디 다쳤어?
    B: 다리를 부딪쳤어. 바로 여기.
    A: 너 멍이 든 것 같아.

    ▶ bruise는 '멍', '타박상'이라는 뜻입니다. "브루:즈"라고 발음하세요.   bump 부딪치다

She's pregnant.
그녀는 임신했어. 누군가 임신했을 때 She's expecting.이나 She's pregnant.라고 합니다. 둘째를 가졌을 때는 She's expecting her second baby.라고 말하면 됩니다.

They're expecting.
그들이 아기를 가졌어.

> A: They're expecting.
> B: That's wonderful!
> A: I think they're having twins.
>
> A: 그들이 아기를 가졌어.
> B: 잘됐네!
> A: 쌍둥이 같아.
>
> ▶ '아이를 낳을 예정이다', '임신 중이다'라고 할 때 동사 expect를 expecting이라는 진행형으로 써서 She's expecting.처럼 표현합니다.   twin(s) 쌍둥이

Are you expecting?
너 임신했니?

> A: Are you expecting?
> B: No, why would you say that?
> A: You look a little heavy.
>
> A: 너 임신했니?
> B: 아니, 왜 그런 말을 해?
> A: 몸이 좀 무거워 보여서.

When are you due?
예정일이 언제야?

> A: When are you due?
> B: In two weeks.
> A: So, who's the father?
>
> A: 예정일이 언제야?
> B: 2주 후.
> A: 그래서, 아빠가 누구야?
>
> ▶ due는 '~하기로 되어 있는[예정인]'이라는 뜻이 있습니다. When's the baby due?라고도 물을 수 있습니다.

It's urgent!

비상이야! 사건·사고 같은 비상 상황뿐만 아니라 중요한 일, 지연되면 안 되는 일일 때도 urgent를 씁니다. If it's urgent, I'll get right on it.이라고 하면 '급한 일이라면 지금 당장 할게요'라는 의미입니다.

Call 911!
911에 전화해!

> A: Call 911!
> B: What happened?
> A: Grandma fell down the stairs!
>
> A: 911에 전화해!
> B: 무슨 일이야?
> A: 할머니가 계단에서 넘어지셨어!

Call an ambulance!
구급차 불러!

> A: Call an ambulance!
> B: What's the matter?
> A: I think Dad is having a heart attack!
>
> A: 구급차 불러!
> B: 무슨 일이야?
> A: 아빠가 심장마비를 일으킨 것 같아!
>
> ▶ heart attack 심장마비

Get a doctor quick!
빨리 의사 모셔와!

> A: Get a doctor quick!
> B: Is that blood?
> A: Just get a doctor in here!
>
> A: 빨리 의사 모셔와!
> B: 그거 피야?
> A: 그냥 의사나 여기로 데려와!
>
> ▶ get someone은 '~을 데리고 오다'를 나타내는 표현입니다.

Slight Illness

가볍게 몸이 아픈 증상

- (splitting) headache (머리가 깨지는 듯이 아픈) 두통
- migraine 편두통
- period pains 생리통
- toothache 치통
- sore throat 인후통
- fever 고열, 열
- chest pains 가슴 통증
- back pains 허리 통증
- stomachache 복통
- sickness (메스꺼운 증세) 멀미
- ear infection 귀의 염증
- upset stomach 배탈
- diarrhea 설사
- constipation 변비
- flu[influenza] 독감 (cold 감기)
- burn (불에 덴) 화상
- scald (뜨거운 물에 덴) 화상

● 주어진 우리말에 맞게 빈칸을 알맞게 채우세요.

You ¹_____ _____.
창백해 보이네.

You ²_____ like _____.
안색이 안 좋아 보여.

I don't ³_____ _____.
몸이 안 좋아.

I ⁴_____ _____ _____ some _____. 좀 쉬어야 해.

I ⁵_____ _____ _____.
두통이 있어.

My head ⁶_____ _____.
머리가 너무 아파.

⁷_____ _____ _____ cats.
난 고양이 알레르기가 있어.

I can't ⁸_____ any _____.
전 유제품을 못 먹어요.

정답　1. look, pale　2. look, hell　3. feel, well　4. need, to, get, rest
　　　5. have, a, headache　6. is, killing, me　7. I'm, allergic, to
　　　8. have, dairy, products

I ⁹ **feel like throwing up**.
토할 것 같아.

You should ¹⁰ **go to** the **doctor**.
병원에 가봐. / 진찰받아봐.

I can't ¹¹ **hold food down**.
소화가 안 돼요.

¹² **She's pregnant**.
그녀는 임신했어.

¹³ **They're expecting**.
그들이 아기를 가졌어.

¹⁴ **Get** a **doctor quick**!
빨리 의사 모셔와!

It looks like you're ¹⁵ **getting a bruise**. 너 멍이 든 것 같아.

I'm ¹⁶ **dizzy**.
어지러워.

¹⁷ **When are** you **due**?
예정일이 언제야?

---

9. feel, like, throwing, up   10. go, to, doctor   11. hold, food, down
12. She's, pregnant   13. They're, expecting   14. Get, doctor, quick
15. getting, a, bruise   16. dizzy   17. When, are, due

통째로 외워 쓰는 리얼 익스프레션
여행할 때

해외여행을 갔을 때 길을 잃어도 웬만한 나라에서는 어떻게든 영어가 통하는 사람을 만날 수 있습니다. 그러므로 우리는 영어만 잘하면 됩니다. 물론 요즘은 여행 책자도 좋고 번역기도 엄청난 기능을 발휘하기 때문에 영어를 잘 못한다고 해서 크게 걱정할 일은 없지만, 그래도 애인 앞에서 영어로 쏼라쏼라 할 수 있으면 좋겠죠? 여러분을 바라보는 애인의 눈빛이 달라질 테니까요.

연착된 비행기 대신 다음 항공편은 언제 있는지 물어볼 때, 호텔에서 체크인할 때, 호텔 프런트에 전화해서 시설에 대한 불만을 제기할 때, 대중교통을 이용할 때, 주유할 때 등, 이제 해외여행할 때 겪을 수 있는 여러 상황에서 유용하게 써먹을 수 있는 표현 정도는 챙겨서 출발하세요.

What's the departure time?

출발 시간이 언제죠? 편리한 해외여행을 위해 공항에서 필요한 표현을 알아봅시다.

When is the next flight?
다음 항공편은 언제죠?

A: Is the flight delayed?
B: Yes. There are really bad storms in Chicago.
A: When is the next flight?

A: 비행기가 연착됐어요?
B: 네. 시카고에 심한 폭풍이 발생했다네요.
A: 다음 항공편은 언제죠?

▶ flight 항공편, 비행   delay 지연시키다, 미루다   storm 폭풍

I'm here on my honeymoon.
신혼여행으로 왔어요.

A: What's the purpose of the trip?
B: I'm here on my honeymoon.
A: Alone?

A: 여행의 목적은 무엇이시죠?
B: 신혼여행으로 왔어요.
A: 혼자서요?

I can't find my baggage.
제 짐을 못 찾겠어요.

A: I can't find my baggage.
B: Can I see your baggage claim tag?
A: Here it is.

A: 제 짐을 못 찾겠어요.
B: 수화물 인수증을 볼 수 있을까요?
A: 여기 있습니다.

▶ baggage 짐, 가방   baggage claim tag 수화물 인수증

I want to check in.

체크인하고 싶어요. 호텔을 예약했다면 I have a reservation for Kim Min(김민이라는 이름으로 예약했어요.)이라는 식으로 신분을 밝히고 키를 받으면 되고, 예약하지 않았다면 I would like a room for the night(하루 묵고 싶습니다).처럼 얘기하고 방을 달라고 하면 됩니다.

I need a room with a king.
킹사이즈 침대가 있는 방으로 주세요.

    A: I need a room with a king.
    B: Sure. For how many nights?
    A: I'm staying for two nights.

    A: 킹사이즈 침대가 있는 방으로 주세요.
    B: 그러죠. 얼마나 묵으실 건가요?
    A: 2박할 거예요.

    ▶ with a king의 king은 king-sized bed를 의미합니다. 1인용 침대가 두 개 있는 방은 twin (bed) room, 2인용 침대가 한 개 있는 방은 double (bed) room입니다.

I'd like a room with a view of the sea.
바다가 보이는 방으로 주세요.

    A: Do you have a preference on which room?
    B: I'd like a room with a view of the sea.
    A: We have two available!

    A: 원하시는 방이 있나요?
    B: 바다가 보이는 방으로 주세요.
    A: 빈방이 두 개 있습니다!

    ▶ a room with a view는 '전망 좋은 방'이고 view 뒤에 of the sea가 붙으면 '바다가 보이는 방'을 말합니다. preference 선호, 애호 available 구할 수 있는

Checking out, please.
체크아웃하려고요.

    A: Are you checking in or out?
    B: Checking out, please.

    A: 체크인하시나요, 체크아웃하시나요?
    B: 체크아웃이요.

The shower is out of order!

샤워기가 고장 났어요! 여행 중에 투숙한 곳의 샤워기에서 뜨거운 물이 안 나오는 등 당황스러운 일이 생기면 프런트에 전화해 도움을 청해야겠죠. 이런 상황에서 쓸 수 있는 표현을 알아봅시다.

There's no hot water in my shower.
샤워기에서 뜨거운 물이 안 나와요.

A: This is Room 312. There's no hot water in my shower.
B: Are you sure?
A: Yes! Come up to my room right now!

A: 312호인데요. 샤워기에서 뜨거운 물이 안 나와요.
B: 정말이세요?
A: 진짜라니까! 제 방으로 바로 올라와 보라고요!

The toilet won't flush.
변기 물이 안 내려가.

A: Don't go in the bathroom.
B: What's wrong?
A: The toilet won't flush.

A: 욕실로 들어가지 마.
B: 뭐가 문제야?
A: 변기 물이 안 내려가.

▶ flush (변기의) 물을 내리다

I guess the air conditioner isn't working.
에어컨이 제대로 작동하지 않는 것 같아요.

A: My room is too hot.
B: Did you turn on the air conditioner in your room?
A: I did! I guess the air conditioner isn't working.

A: 제 방이 너무 더워요.
B: 방의 에어컨은 켜셨어요?
A: 했죠! 에어컨이 제대로 작동하지 않는 것 같아요.

Where's the nearest subway station?

가장 가까운 지하철역이 어디에 있나요?
길을 물어보는 대표적인 표현인 How can I get to ~?도 알아둡시다.

How can I get to the department store?
백화점에 어떻게 가면 되나요?

   A: Excuse me. How can I get to the department store?
   B: I'm sorry, I'm a stranger here, too.

    A: 실례합니다. 백화점에 어떻게 가면 되나요?
    B: 죄송하지만, 저도 여기가 처음이에요.

    ▶ stranger에는 '낯선 사람'뿐 아니라 '(어떤 곳에) 처음 온 사람'이라는 뜻이 있습니다. 흔히 '전 여기가 처음이에요'는 I'm a stranger here myself.라고 말합니다.

Does this bus go downtown?
이 버스가 시내로 가나요?

   A: Does this bus go downtown?
   B: Yes, it's the third stop.
   A: Thank you!

    A: 이 버스가 시내로 가나요?
    B: 네, 세 번째 정류장이에요.
    A: 고맙습니다!

    ▶ Is this bus to downtown?이라고 해도 같은 의미입니다.

What's the fare?
요금이 얼마예요?

   A: This is the bus to Chicago.
   B: What's the fare?
   A: Only twelve dollars.

    A: 이건 시카고행 버스예요.
    B: 요금이 얼마예요?
    A: 12달러밖에 안 해요.

    ▶ fare (교통) 요금

Airport, please.

공항으로 가주세요. 낯선 외국에서 가장 편한 교통수단은 택시겠지만 여행객티를 팍팍 내면 바가지요금의 표적이 되겠죠. 택시를 타기 전에 요금과 거리를 물어보는 것이 좋습니다.

I need to go to Main Street.
메인 가로 가주세요.

    A: Where to, sir?
    B: I need to go to Main Street.
    A: Sure, we'll be right there.

    A: 어디로 모실까요?
    B: 메인 가로 가주세요.
    A: 네, 금방 모셔다드릴게요.

    ▶ '어디로 모실까요?'라고 할 때 미국 택시 기사들은 흔히 Where to?라고 묻습니다.

I'm headed to the tower.
타워로 가주세요.

    A: I'm headed to the tower.
    B: I'll get you there!

    A: 타워로 가주세요.
    B: 모셔다드릴게요!

    ▶ head (자동차 등을 ~으로) 향하게 하다

Could you pull over right there?
바로 저기 세워주시겠어요?

    A: Could you pull over right there?
    B: We're not at the train station yet.
    A: This is good enough.

    A: 바로 저기 세워주시겠어요?
    B: 아직 기차역이 아닌데요.
    A: 여기 정도면 됐어요.

    ▶ pull over는 '(길 한쪽으로) 차를 대다', '차를 세우다'라는 표현입니다. 차에서 내리게 해달라고 할 때는 Please drop me at the corner(길모퉁이에 내려주세요).처럼 씁니다. drop에는 '내려주다'라는 뜻이 있습니다.

Fill her up.

차에 기름을 가득 채워주세요. 차를 렌트해서 여행하다가 기름이 다 떨어지면 주유소에 들르게 됩니다. 차를 렌트할 때 어떤 연료를 사용해야 하는지도 미리 확인해두는 게 좋습니다.

Let's drop by the gas station.
주유소에 들르자.

A: We're running out of gas.
B: I know. Let's drop by the gas station.

A: 기름이 떨어져 가.
B: 알아. 주유소에 들르자.

▶ drop by 잠깐 들르다   run out of ~이 다 떨어지다

Please fill it up.
가득 채워주세요.

A: How much for you today?
B: Please fill it up.
A: Okay, right away.

A: 기름을 얼마나 넣어드릴까요?
B: 가득 채워주세요.
A: 알겠습니다. 바로 해드릴게요.

▶ 차에 기름을 가득 채워달라고 할 때 Fill her up.이나 Fill it up.을 둘 다 쓰는데, 자동차를 의인화해서 말하는 Fill her up.은 주로 중년층이 많이 쓰는 것 같습니다. 젊은 사람들은 흔히 Fill it up.이라고 합니다.   right away 즉시, 바로

Regular, please.
레귤러로 주세요.

A: Can I get twenty dollars' worth?
B: Regular or diesel?
A: Regular, please.

A: 기름을 20달러어치 넣어주세요.
B: 레귤러요, 디젤이요?
A: 레귤러로 주세요.

▶ twenty dollars' worth 20달러어치의

Traffic

교통

- **traffic law** 교통법규
- **traffic jam** 교통체증
- **traffic light[stoplight]** 신호등
- **stop sign** 정지 표지판
- **crosswalk** 횡단보도
- **underpass** 지하도
- **sidewalk** 인도, 보도 (pedestrian 보행자)
- **one-way street** 일방통행로
- **lane** 차선
- **block** 블록, 구역
- **intersection** 교차점
- **3-way intersection** 삼거리
- **4-way intersection** 사거리
- **dead-end street** 막다른 골목
- **expressway[freeway]**
  고속도로, 중앙 분리대가 있는 고속 간선 도로
- **highway** 고속도로, 도시와 도시를 연결하는 주요 도로
- **rest area** 휴게소

● 주어진 우리말에 맞게 빈칸을 알맞게 채우세요.

¹_____ is the _____?
다음 항공편은 언제죠?

I'm here ² _____.
신혼여행으로 왔어요.

I want to ³ _____.
체크인하고 싶어요.

I need a ⁴ _____.
킹사이즈 침대가 있는 방으로 주세요.

I can't ⁵ _____ my _____.
제 짐을 못 찾겠어요.

The shower ⁶ _____!
샤워기가 고장 났어요!

The toilet ⁷ _____.
변기 물이 안 내려가.

I'm ⁸ _____ the tower.
타워로 가주세요.

정답   1. When, next, flight   2. on, my, honeymoon   3. check, in
       4. room, with, a, king   5. find, baggage   6. is, out, of, order
       7. won't, flush   8. headed, to

9 _____ _____ _____ the department store? 백화점에 어떻게 가면 되나요?

Let's **10** _____ _____ the _____. 주유소에 들르자.

Please **11** _____ it _____. 가득 채워주세요.

12 _____ the _____? 요금이 얼마예요?

What's the **13** _____ _____? 출발 시간이 언제죠?

14 _____ this bus _____ _____? 이 버스가 시내로 가나요?

15 _____ no _____ water _____ my shower. 샤워기에서 뜨거운 물이 안 나와요.

16 _____ _____ _____ subway station? 가장 가까운 지하철역이 어디에 있나요?

Could you **17** _____ _____ right there? 바로 저기 세워주시겠어요?

9. How, can, I, get, to   10. drop, by, gas, station   11. fill, up
12. What's, fare   13. departure, time   14. Does, go, downtown
15. There's, hot, in   16. Where's, the, nearest   17. pull, over

293

통째로 외워 쓰는 리얼 익스프레션

쇼핑할 때

쇼핑의 과정은 이렇습니다. 우선 이 가게 저 가게 둘러보다가 마음에 드는 곳에 들어갑니다. 점원에게 사고 싶은 물건을 말하고 점원이 추천해주는 물건을 이것저것 살펴보다가 마음에 드는 것을 발견하면 입어보거나 신어보겠다고 하죠.
한 번에 끝나면 좋은데, 보통은 왠지 고르는 것마다 뭔가가 마음에 안 듭니다. 너무 크거나, 너무 짧거나, 너무 비싸죠.
그러다가 마침내 딱 맞는 것을 찾게 되면 이제 남은 것은 가격을 흥정하고 계산하는 일뿐입니다. 계산이 끝나면 포장해서 가게 밖으로 나갑니다. 드디어 쇼핑이 완전히, 퍼펙트하게 끝나는 거죠!
이렇게 성공적으로 쇼핑하는 데 필요한 표현을 알아봅시다.

I need some jeans.

청바지를 사려고요. 쇼핑몰이나 백화점에서 매장을 찾거나 사고 싶은 아이템을 찾을 때 쓰는 표현을 알아봅시다. 구경만 할 때는 I'm just browsing.이라고 말하면 됩니다.

Where is ladies' wear?
여성복 매장이 어디에 있나요?

    A: Excuse me, do you work here?
    B: Yes, can I help you?
    A: Where is ladies' wear?

    A: 실례합니다. 여기서 일하세요?
    B: 네, 뭘 도와드릴까요?
    A: 여성복 매장이 어디에 있나요?

    ▶ ladies' wear 숙녀복 (상점에서 쓰는 말로, '남성복'은 menswear[멘즈웨어])

I'm looking for something for my wife.
아내에게 줄 만한 것을 찾고 있는데요.

    A: Can I help you, sir?
    B: I'm looking for something for my wife.
    A: What can I help you find?

    A: 도와드릴까요?
    B: 아내에게 줄 만한 것을 찾고 있는데요.
    A: 어떤 것을 찾아드릴까요?

I'm just browsing.
그냥 둘러보는 거예요.

    A: May I help you?
    B: Oh, I'm just browsing.
    A: Let me know if you have any questions.

    A: 도와드릴까요?
    B: 아, 그냥 둘러보는 거예요.
    A: 질문 있으시면 언제든 말씀하세요.

    ▶ browse (가게 안의 물건들을) 둘러보다

Can I try this on?

이거 착용해봐도 될까요? 자신에게 딱 맞는 옷이나 신발을 고르려면 직접 착용해보고 색상이나 사이즈를 이것저것 바꿔봐야 하죠. 신발처럼 짝이 있는 것을 착용하려 할 때는 Can I try these on?이라고 복수형으로 물어봐야 합니다.

I want to try this on.
이걸 입어보고 싶어.

    A: I want to try this on.
    B: It looks big. I'm not sure it will fit.
    A: Do you think they have it in a smaller size?

    A: 이걸 입어보고 싶어.
    B: 좀 커 보이는데. 너한테 사이즈가 맞을지 잘 모르겠다.
    A: 이것보다 작은 사이즈가 가게에 있을까?

    ▶ try on 입어보다, 신어보다, 껴보다 fit 맞다

Do you have this in a larger size?
이거 좀 더 큰 치수가 있나요?

    A: I love this shirt but it's kind of tight.
    B: Ask them if they have a larger one.
    A: Yeah. Excuse me, do you have this in a larger size?

    A: 이 셔츠가 완전 마음에 드는데 약간 끼어.
    B: 더 큰 사이즈가 있는지 점원에게 물어봐.
    A: 그래야겠어. 실례합니다. 이거 좀 더 큰 치수가 있나요?

    ▶ Do you have a larger size?나 Do you have a larger size than this?로도 말할 수 있습니다. kind of 약간은, 어느 정도

Do you have this dress in blue?
이 드레스 파란색으로 있나요?

    A: I like this dress. Do you have this dress in blue?
    B: Absolutely. I'll be right back.

    A: 이 드레스가 마음에 들어요. 이 드레스 파란색으로 있나요?
    B: 물론이죠. 바로 돌아오겠습니다.

It's too big.

너무 크네요. 사이즈가 맞지 않는다든지 냄새가 심하다 등 제품에 대한 소감을 말해봅시다. 옷이 잘 맞지 않는 때는 It doesn't fit right.이라고 하면 됩니다. 신발의 경우 They're too big(너무 커요.)이나 They're a little wide(폭이 조금 넓어요.)처럼 말할 수 있죠. 외국의 사이즈 표기법을 미리 확인해두면 당황하지 않고 물건을 고를 수 있습니다.

It's too tight.
너무 꽉 조여요.

A: This bra doesn't fit.
B: It makes you look really good.
A: It's too tight.

A: 이 브래지어는 안 맞아요.
B: 정말 잘 어울리시는데요.
A: 너무 꽉 조여요.

▶ tight 꽉 끼는, 꽉 조이는 bra 브래지어

It's too loose.
너무 헐렁해요.

A: I need to grab a different size.
B: It didn't fit?
A: It's too loose.

A: 다른 사이즈로 주세요.
B: 안 맞아요?
A: 너무 헐렁해요.

▶ grab (붙)잡다 loose 헐렁한

It smells so bad!
냄새가 너무 심하너라고!

A: Why didn't you get the leather bag?
B: It's smells so bad!

A: 그 가죽 가방 왜 안 샀어?
B: 냄새가 너무 심하다라고!

▶ smell 냄새가 나다 leather 가죽

I like it.

그게 마음에 들어요. 마음에 드는 것을 골랐으면 이제 가격을 확인하고 계산하는 일만 남았죠? 이럴 때 쓰는 표현을 알아봅시다.

I'll take this.
이걸로 할래.

A: Do you think this skirt looks good on me?
B: It's perfect!
A: I'll take this.

A: 이 치마가 나에게 어울리는 것 같아?
B: 너한테 딱이야!
A: 이걸로 할래.

▶ I'll buy this.나 I'll get this.라고 해도 됩니다. look good[great/nice] on *someone*은 '~와 잘 어울리다[맞다]'라는 표현입니다.

How much is this?
이거 얼마죠?

A: I like this.
B: I'm glad you like it.
A: How much is this?

A: 이게 마음에 들어요.
B: 마음에 드신다니 다행이네요.
A: 이거 얼마죠?

How much is it all together?
전부 다 해서 얼마죠?

A: How much is it all together?
B: It's 357 dollars and 35 cents, ma'am.
A: That's not too bad!

A: 전부 다 해서 얼마죠?
B: 357달러 35센트 되겠습니다.
A: 나쁘지 않네요!

It's too expensive.

너무 비싸요. 상인 앞에서 It's very cheap(굉장히 싸네요)!라고 할 사람은 없을 것입니다. 흥정도 쇼핑의 재미입니다. 예산 초과라고 살짝 엄살을 떨어보세요. 마음 좋은 상인이라면 깎아줄지도 모릅니다.

It's a little pricey.
조금 비싸네요.

    A: Fifty dollars altogether? It's a little pricey.
    B: I'm pretty sure this is a good price.
    A: Can I get a discount?

    A: 다 해서 50달러라고요? 조금 비싸네요.
    B: 전 아주 좋은 가격이라고 생각하는데요.
    A: 할인받을 수 있어요?

    ▶ a little 약간 pricey 값비싼 altogether 모두 합해서 get a discount 할인을 받다

It's out of my budget.
예산 초과야. / 그거 살 돈 없어.

    A: You should buy this new purse.
    B: It's out of my budget.
    A: You can afford it!

    A: 너 이 신상 지갑을 사는 게 좋겠어.
    B: 예산 초과야.
    A: 그거 살 돈은 있잖아!

    ▶ be out of budget 예산을 초과하다, 지급할 여력이 없다 purse (여성용) 지갑

I'm getting this for almost nothing!
거의 공짜로 사는 거네요!

    A: How much is this bag?
    B: It's on sale - 10 dollars.
    A: Wow, I'm getting this for almost nothing!

    A: 이 가방 얼마죠?
    B: 지금 할인 중이라 10달러입니다.
    A: 와, 거의 공짜로 사는 거네요!

    ▶ on sale 할인 중인

Can you gift-wrap this?

이거 포장해주시겠어요? 계산하기 전에 포장해줄 수 있는지 묻는 상황이 생기죠. '이것을 포장해주세요'는 Get this gift-wrapped. 또는 Please gift-wrap this.라고 합니다.

Can I get this gift-wrapped?
이거 포장해주시겠어요?

    A: Can I get this gift-wrapped?
    B: Sorry. We don't gift-wrap here.
    A: I thought you did!

    A: 이거 포장해주시겠어요?
    B: 죄송합니다. 저희 가게는 물건을 포장해드리지 않습니다.
    A: 전 여기서 해주는 줄 알았는데요!

Would you please gift-wrap this?
이거 포장해주시겠어요?

    A: Would you please gift-wrap this?
    B: Sure. Which wrapping paper would you like?
    A: Can you use the blue and silver paper?

    A: 이거 포장해주시겠어요?
    B: 네, 어떤 포장지로 해드릴까요?
    A: 파란색과 은색 섞인 걸로 해주실래요?

Can I get a box for this?
이거 넣을 상자를 주시겠어요?

    A: Can I get a box for this?
    B: Sure, would you like a small or large box?
    A: I'll take the larger box, please.

    A: 이거 넣을 상자를 주시겠어요?
    B: 네, 작은 상자로 드릴까요, 큰 걸로 드릴까요?
    A: 큰 상자로 주세요.

Clothing
옷

- suit 정장
- pants 바지 (청바지는 jeans)
- shorts 반바지
- blouse 블라우스
- sweater 스웨터
- jacket 재킷, 상의, 조끼
- skirt 스커트, 치마
- cardigan 카디건
- (midi) dress (중간 길이) 드레스
- long[short]-sleeve shirt 긴[반] 소매 셔츠
- tank top 민소매 티셔츠
- raincoat 비옷, 우비
- pajamas (바지와 상의로 된) 잠옷
  (nightgown, nightdress는 통으로 된 잠옷)
- swimsuit[bathing suit] 수영복
  (여자들이 입는 '비키니'는 bikini)
- rash guard 래쉬가드
  (스판덱스 소재로 만드는 긴 소매의 수상 스포츠용 의류)
- underwear 속옷(팬티는 underpants, 메리야스처럼
  '셔츠 안에 입는 속옷'은 vest)

● 주어진 우리말에 맞게 빈칸을 알맞게 채우세요.

Where is ¹ _____ ?
여성복 매장이 어디에 있나요?

I'm ² _____ .
그냥 둘러보는 거예요.

Can I ³ _____ ?
이거 착용해봐도 될까요?

It's ⁴ _____ .
너무 꽉 조여요.

I ⁵ _____ some _____ .
청바지를 사려고요.

Do you have this ⁶ _____ a
_____ ? 이거 좀 더 큰 치수가 있나요?

⁷ _____ this.
이걸로 할래.

⁸ _____ is it _____ ?
전부 다 해서 얼마죠?

정답　1. ladies', wear　2. just, browsing　3. try, this, on
　　　4. too, tight　5. need, jeans　6. in, larger, size
　　　7. I'll, take　8. How, much, all, together

It's ⁹ _____ my _____.
예산 초과야. / 그거 살 돈 없어.

It's ¹⁰ _____ _____.
너무 비싸요.

¹¹ _____ _____ _____ this?
이거 포장해주시겠어요?

Can I ¹² _____ this _____?
이거 포장해주시겠어요?

Do you ¹³ _____ this dress _____? 이 드레스 파란색으로 있나요?

¹⁴ _____ _____ _____ something for my wife. 아내에게 줄 만한 것을 찾고 있는데요.

It's ¹⁵ _____ _____ _____.
조금 비싸네요.

I'm ¹⁶ _____ this _____ _____! 거의 공짜로 사는 거네요!

Can I ¹⁷ _____ a _____ _____ this?
이거 넣을 상자를 주시겠어요?

---

9. out, of, budget 10. too, expensive 11. Can, you, gift-wrap
12. get, gift-wrapped 13. have, in, blue 14. I'm, looking, for
15. a, little, pricey 16. getting, for, almost, nothing 17. get, box, for

통째로 외워 쓰는 리얼 익스프레션

전화할 때

전화 통화를 할 땐 서로의 목소리에만 의존해서 상대방의 의도를 파악해야 하죠. 정확한 의사소통을 위해서는 시각적 단서가 매우 중요한데 전화로는 그런 단서를 얻을 수 없기 때문에 전화로 대화를 주고받는 것은 매우 어려운 일입니다.
그런데 상대가 내가 한 말을 잘 못 알아듣고 계속해서 다시 말해달라고 하면? 머릿속이 하얗게 되면서 둔하디 둔한 나의 발음을 탓하게 되겠죠. 그러면서 자기 딴엔 버터 발음으로 하려고 혀를 더 굴리다가 대화는 완전히 단절됩니다. 결국, 그저 다급히 Wait!만 부르짖다가 영어를 잘하는 다른 능력자에게 수화기를 넘겨줘야 할지도 모릅니다.
이런 최악의 상황을 피하려면 통화할 때 많이 사용하는 기본 표현을 미리 익혀두는 수밖에 없습니다. 마지막 장인 이번에는 알짜배기 전화 영어 리얼표현 24개를 알아보겠습니다.

Who's calling, please?

누구시죠? 전화를 건 사람이 누군지 물어볼 때 Who are you?가 아니라 Who's calling?이나 Who is this[it]? 또는 좀 더 정중히 Can I ask who is calling?이라고 묻습니다. 통화할 때 Who are you?라고 하면 "넌 누구냐?"라고 상대의 정체를 추궁하는 표현이 됩니다. 범죄·수사물 한 편 찍는 거죠.

Who is this?
누구시죠? / 어디시죠?

    A: Can I speak to Jim?
    B: Who is this?
    A: Oh, it's Dan.

    A: 짐이랑 통화 가능한가요?
    B: 누구시죠?
    A: 아, 전 댄입니다.

Can I ask who is calling?
누구시죠?

    A: Can I please talk to Maria?
    B: Can I ask who is calling?
    A: This is her father.

    A: 마리아와 통화할 수 있나요?
    B: 누구시죠?
    A: 저는 마리아의 아빠입니다.

Hello, this is Miranda speaking.
여보세요, 전 미란다인데요.

    A: Hello, this is Miranda speaking.
    B: Hi, Miranda. Long time, no talk.
    A: Erika! Is it really you?

    A: 여보세요, 전 미란다인데요.
    B: 미란다, 안녕. 오랜만에 통화하네.
    A: 에리카! 정말 너니?

▶ Long time, no talk.는 오랜만에 이야기하거나 통화하는 사람에게 쓰는 표현입니다.

Can I talk to Tommy?

토미랑 통화할 수 있나요? 통화하고 싶은 상대방을 밝히며 그 사람이 있는지 물을 때 Can I talk[speak] to ~?라고 하거나 간단하게 Is ~ there?라고 합니다.

May I speak to Donny?
도니랑 통화 가능한가요?

A: Hello, may I speak to Donny?
B: Oh, hi Mark, it's Donny.
A: Hey man, how are you?

A: 안녕하세요, 도니랑 통화 가능한가요?
B: 아, 안녕 마크, 나 도니야.
A: 안녕, 잘 지냈어?

▶ 내가 전화를 받아야 하는 당사자면 Yes, speaking.이라고 해도 됩니다.

Is Mark there?
마크 있어요?

A: Is Mark there?
B: He's not home right now.
A: When will he be back?

A: 마크 있어요?
B: 지금 집에 없는데요.
A: 언제 와요?

Is Sarah available to come to the phone?
사라가 전화 받을 수 있나요?

A: Is Sarah available to come to the phone?
B: She's not. Can I take a message?
A: Can you tell her Ryan called?

A: 사라가 전화 받을 수 있나요?
B: 없는데요. 전하실 말씀 있으세요?
A: 라이언이 전화했다고 전해줄래요?

Wait, please.

잠시만요. 수화기 너머의 상대에게 잠깐 기다리라고 하거나 바꿔주겠다고 말하는 표현을 배워봅시다.

Hang on!
잠시만 기다리세요!

> A: Hi, Johnny, is your mom around?
> B: Hang on!
> A: Thanks.

A: 안녕, 조니. 엄마 계시니?
B: 잠시만 기다리세요!
A: 고맙다.

▶ be around 주변[근처]에 있다

Hold on a sec.
잠시만요.

> A: Hi, this is Chris. Can I talk to John?
> B: Hold on a sec. He's doing the dishes.
> A: Oh, I'll call him back later, then.

A: 여보세요, 크리스인데요. 존과 통화할 수 있을까요?
B: 잠시만요. 그이가 설거지를 하고 있어서요.
A: 아, 그럼 이따 다시 전화할게요.

▶ sec은 second의 줄인 말로, a sec은 '잠시'라는 뜻입니다.

I'll put him on.
(그를) 바꿔드릴게요.

> A: Can I talk to Mr. Kim?
> B: I'll put him on.

A: 김 과장님과 통화할 수 있을까요?
B: 바꿔드릴게요.

▶ I'll put you through to him.이나 I'll connect you to him.도 '전화 바꿔드릴게요'라는 표현인데, 이 표현은 내선으로 돌려줄 경우에 씁니다. I'll put him on.은 수화기를 넘겨서 바꿔줄 때 씁니다.

He's out right now.

(그는) 지금 자리에 없어요. '자리에 없다'라고 할 때 ~ is not in.이라는 표현도 자주 씁니다. 현재완료형으로 ~ has just stepped out.이라고 하면 '방금[막] 나갔다'라는 의미가 됩니다.

He's not in.
자리에 없는데요.

A: Is Mark there?
B: He's not in.
A: Can you tell him Lisa called?

A: 마크 있어요?
B: 자리에 없는데요.
A: 리사가 전화했다고 전해줄래요?

He's out at the moment.
지금 안 계세요.

A: Can I talk to the manager?
B: He's out at the moment.
A: When will he be back?

A: 매니저랑 얘기할 수 있을까요?
B: 지금 안 계세요.
A: 언제 돌아오죠?

▶ be out (자리를) 비우다　at the moment 지금, 마침

She's just stepped out.
(그녀는) 방금 나갔어요.

A: Hello, this is Chris. Can I talk to Sarah?
B: She's just stepped out.
A: Oh, it's lunchtime. I'll call back later.

A: 안녕하세요. 저는 크리스인데요. 사라하고 통화 가능한가요?
B: 방금 나갔어요.
A: 아, 점심시간이군요. 나중에 다시 전화할게요.

▶ step out 나가다

Can I take a message?

메시지를 전해드릴까요? 전할 말이 있는지 물을 때 쓰는 표현을 알아봅시다. 참고로, 내가 전화를 걸어서 메시지를 남겨달라고 할 때는 Can I leave a message?라고 하면 됩니다.

Any message?
남기실 말씀 있으세요?

    A: Any message?
    B: Yes. Could you tell him to call me back?
    A: Sure.

    A: 남기실 말씀 있으세요?
    B: 네, 저한테 전화해달라고 전해주실래요?
    A: 알겠습니다.

Can I get your message?
메시지 전해드릴까요? / 메모 남겨드릴까요?

    A. Can I get your message?
    B. This is Lucas. Can you have him give me a call?
    A. I'll have him call you right back!

    A: 메세지 전해드릴까요?
    B: 저는 루카스입니다. 저한테 전화하라고 전해주실래요?
    A: 바로 전화 드리라고 할게요!

▶ have+목적어[사람]+동사원형은 '(사람에게) ~하게 하다'라는 의미의 표현입니다.

Would you like to leave a message?
전하실 말씀 있으세요?

    A: I'd like to speak to Mr. Lawrence.
    B: He is out right now. Would you like to leave a message?
    A: Yes. This is Angela Smith. Please write down my phone number.

    A: 로렌스 씨와 통화하고 싶습니다.
    B: 지금 자리에 안 계십니다. 전하실 말씀 있으세요?
    A: 네, 전 안젤라 스미스입니다. 제 전화번호를 적어주세요.

I'll call you back.

내가 다시 전화할게. 나중에 다시 전화하겠다고 할 때 I'll call you 뒤에 back이나 later를 써서 말할 수 있습니다.

Can I call you back?
내가 나중에 전화해도 될까?

    A: Can I call you back? Something has come up.
    B: Sure! When will you be calling?
    A: I'll call you in about 10 minutes.

    A: 내가 나중에 전화해도 될까? 일이 좀 생겨서.
    B: 그래! 언제 전화할래?
    A: 10분 후에 전화할게.

    ▶ come up (일이) 생기다

Can you call me later?
나중에 전화해줄래요?

    A: I'm sorry. I have to get back to work.
    B: Can you call me later?
    A: I'll call you after work.

    A: 죄송한데, 다시 일해야 해요.
    B: 나중에 전화해줄래요?
    A: 퇴근하고 전화할게요.

We'll talk sometime later.
다음에 얘기하자.

    A: I have to put the phone down. We'll talk sometime later.
    B: You're always brushing me off!
    A: I'm working and can't talk long!

    A: 나 전화 끊어야 해. 다음에 얘기하자.
    B: 넌 항상 나를 무시하더라!
    A: 일하는 중이라 길게 얘기 못 해!

    ▶ sometime later 훗날 put the phone down 전화를 끊다 brush *someone* off ~을 무시하다

Number
숫자

- 0 zero(전화번호를 읽을 때는 흔히 oh라고 많이 함)
- 1 one
- 2 two
- 3 three
- 4 four
- 5 five
- 6 six
- 7 seven
- 8 eight
- 9 nine
- 10 ten
- 02-345-6789
  oh two, three four five, six seven eight nine
- 051-267-4511
  oh five one, two six seven, four five one one
- 010-3479-2489
  oh one oh, three four seven nine, two four eight nine
- 010-2323-4477
  oh one oh, two three two three, four four seven seven

● 주어진 우리말에 맞게 빈칸을 알맞게 채우세요.

1 _____ , please?
누구시죠?

2 _____ is _____ ?
누구시죠? / 어디시죠?

Hello, 3 _____ Miranda _____ .
여보세요, 전 미란다인데요.

4 _____
Tommy? 토미랑 통화할 수 있나요?

5 _____ !
잠시만 기다리세요!

6 _____
Donny? 도니랑 통화 가능한가요?

I'll 7 _____ him _____ .
(그를) 바꿔드릴게요.

Can I 8 _____ a _____ ?
메시지를 전해드릴까요?

정답 1. Who's, calling   2. Who, this   3. this, is, speaking
4. Can, I, talk, to   5. Hang, on   6. May, I, speak, to
7. put, on   8. take, message

312

⁹ _____ Mark _____ ?
마크 있어요?

¹⁰ _____ _____ a _____ .
잠시만요.

Would you ¹¹ _____ _____
_____ _____ ? 전하실 말씀 있으세요?

I'll ¹² _____ _____ .
내가 다시 전화할게.

Can you ¹³ _____ _____ _____ ?
나중에 전화해줄래요?

He's ¹⁴ _____ _____ .
자리에 없는데요.

She's ¹⁵ _____ _____ .
(그녀는) 방금 나갔어요.

¹⁶ _____ Sarah _____
_____ to the phone? 사라가 전화 받을 수 있나요?

He's ¹⁷ _____ _____ _____ .
지금 안 계세요.

---

9. Is, there   10. Hold, on, sec   11. like, to, leave, a, message
12. call, you, back   13. call, me, later   14. not, in   15. just, stepped, out
16. Is, available, to, come   17. out, at, the, moment

313

Real English Expressions

※ 시작이 반이다! 680개의 리얼표현 중 당장 알아야 하는 296개부터 익히자!
297~680번 문장 리스트는 다락원 홈페이지에서 내려받을 수 있습니다.

리얼표현 트레이닝

체계적인 3단계 트레이닝!

1 단계 ▶ 섀도잉(shadowing) 트레이닝
2 단계 ▶ 에코잉(echoing) 트레이닝
3 단계 ▶ 동시통역 트레이닝

● **REAL TRAINING** 001~016

001 네 말에 전적으로 동의해.
I totally agree with you.

002 네 여동생이 날 좋아하는지 어떤지 물어봐 줘.
Ask your sister if she likes me.

003 마크가 돌아왔어!
Mark is back!

004 침착해.
Be cool.

005 (팔이) 부러졌니?
Did you break it?

006 케이크는 내가 가져갈게.
I'll bring the cake.

007 나 너한테 어젯밤에 전화했는데.
I called you last night.

008 난 상관없어!
I don't care!

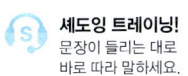 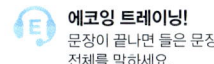 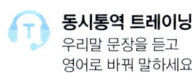

009 우리가 그것을 함께 나를 수 있을 것 같은데.
I think we can carry it together.

010 야구공을 어떻게 받는지 보여줘.
Show me how to catch a baseball.

011 옷 갈아입을 시간이 있을까?
Do I have time to change my clothes?

012 내가 확인할게.
I'll check.

013 문 좀 닫아!
Close the door!

014 지금 들를 수 있어?
Can you come over now?

015 그걸 반으로 잘라줘요.
Cut that in half.

016 걔가 무슨 짓을 했는데?
What did he do?

● **REAL TRAINING** 017~032

017 그거면 됐어요.
That's enough.

018 가득 채워!
Fill it up!

019 신경 쓰지 마세요.
Forget about it.

020 너 내 카드 못 받았어?
Didn't you get my card?

021 케첩 줘!
Give me the ketchup!

022 영화 보러 가자.
Let's go to the movies.

023 엄청난 경기였어!
It was a great game!

024 개 키우세요?
Do you have a dog?

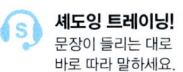 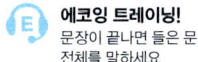 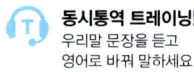

025 제가 도와드릴게요.
Let me help you.

026 이것 좀 들어줄래?
Can you hold this?

027 뜨거우니까 조심해!
Be careful, it's hot!

028 소식 계속 알려줘!
Keep me updated!

029 그건 어떻게 알았어?
How did you know that?

030 우리 이제 가야겠네요.
I think we should leave now.

031 제발 가게 해주세요!
Please let me go!

032 베이컨 좋아하세요?
Do you like bacon?

● **REAL TRAINING** 033~048

033 더는 못 듣겠다!
I can't listen anymore!

034 난 아파트에서 살아.
I live in an apartment.

035 오늘 바깥 날씨 봤어?
Did you look outside today?

036 저거 네가 만들었어?
Did you make that?

037 그녀를 어서 빨리 만나고 싶어.
I can't wait to meet her.

038 네가 미치게 보고 싶을 거야.
I'll miss you like crazy.

039 조금만 비켜주시겠어요?
Can you move over a bit?

040 몇 시부터 영업해요?
When do you open?

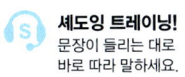 **셰도잉 트레이닝!** 문장이 들리는 대로 바로 따라 말하세요.
 **에코잉 트레이닝!** 문장이 끝나면 들은 문장 전체를 말하세요.
 동시통역 트레이닝! 우리말 문장을 듣고 영어로 바꿔 말하세요.

041 전 됐어요.
I'll pass.

042 그 여자도 반은 내야지.
She should pay half.

043 밖에서 놀자.
Let's play outside.

044 고를 수가 없어요.
I can't pick.

045 나 예뻐?
Do I look pretty?

046 밀어서 뺀 거야 아니면 잡아당겨서 뺀 거야?
Did you push it or pull it?

047 이거 내가 밖에 내놓을게.
I'll put this outside.

048 그렇게 빨리 뛰지 마!
Don't run so fast!

● **REAL TRAINING** 049~064

049 거기서 봐!
I'll see you there!

050 뭘 보냈는데?
What did you send?

051 어떻게 하는지 보여줘.
Show me how.

052 문 닫아!
Shut the door!

053 미안하다고 했잖아!
I said I'm sorry!

054 또렷하게 말해.
Speak clearly.

055 나 빼놓고 시작하기 없기!
Don't start without me!

056 걸음 조심해.
Watch your step.

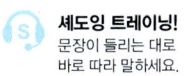 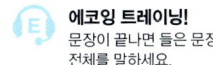 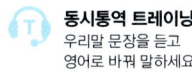

057 빨간 불에서 멈춰.
Stop at the red light.

058 그 일을 하는 데 시간이 오래 걸리네.
It takes a long time to do the work.

059 지금 통화하기 힘들어.
I can't talk right now.

060 문자를 보내도 될까요?
Can I send you a text message?

061 이 안은 추운 것 같아.
I think it's cold in here.

062 살을 빼려고 노력 중이야.
I'm trying to lose weight.

063 여기 위에서 좌회전해.
Turn left up here.

064 오래 기다렸어요?
Did you wait long?

● **REAL TRAINING** 065~080

065 난 저녁으로 햄버거 먹고 싶은데.
I want a hamburger for dinner.

066 난 야간에 일해.
I work nights.

067 이거 네가 썼어?
Did you write this?

068 이쪽은 내 남친.
This is my boyfriend.

069 네가 정말 갖고 싶은 차는 뭐야?
What's your dream car?

070 너 (이 문제에 관해서) 괜찮아?
Are you okay with this?

071 15명의 학생이 수업에 들어와요.
There are 15 students in the class.

072 이번 주말에 무슨 계획 있니?
Are there any plans for this weekend?

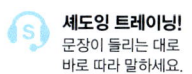 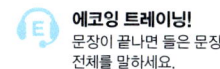 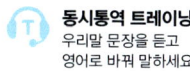

073 　오늘 밤에 이 프로젝트를 마쳐야 하거든.
　　　I need to finish this project tonight.

074 　당신에게 할 말이 있어.
　　　I have to tell you something.

075 　나 사라에게 데이트 신청하려고.
　　　I'm going to ask Sarah out.

076 　네 비밀을 나한테 말해줄 거야?
　　　Are you going to tell me your secret?

077 　누가 이길 것 같아?
　　　Who's going to win?

078 　난 시 쓰는 걸 좋아해.
　　　I like writing poems.

079 　아이스크림 좋아해?
　　　Do you like ice cream?

080 　와인이나 좀 마시고 싶다.
　　　I feel like drinking some wine.

● REAL TRAINING 081~096

081 일어나기 싫은데.
I don't feel like getting out of bed.

082 이 청바지를 입으니까 내가 뚱뚱하게 느껴져.
I feel fat in these jeans.

083 나 존한테 좀 열받았어.
I'm kind of mad at John.

084 나이가 들어서 그래.
I'm getting old.

085 우리 헤어져야 할 것 같아.
I think we should break up.

086 내가 그리 힘이 센 것 같지는 않은데.
I don't think I'm strong enough.

087 제가 자격이 된다고 생각하세요?
Do you think I'm qualified?

088 새로운 일자리를 찾아야 할 때인 것 같군.
I think it's time to look for a new job.

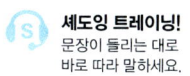 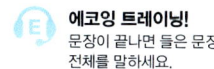 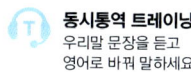

089   이건 나중에 얘기하자.
      Let's talk about this later.

090   오늘 일찍 퇴근해도 될까요?
      Can I leave work early?

091   치킨샐러드로 주시겠어요?
      Can I have the chicken salad?

092   나한테 전화해줄래요?
      Can you call me?

093   철자를 불러주시겠어요?
      Could you spell that for me?

094   믿을 수가 없는걸!
      I can't believe it!

095   그러니까 술을 많이 마시면 안 된다니까.
      That's why you shouldn't drink a lot.

096   내 남자친구가 되어주지 않을래?
      I was wondering if you would be my boyfriend.

● **REAL TRAINING** 097~112

097 내일 어때?
How about tomorrow?

098 쇼핑하러 갈래?
Do you want to go shopping?

099 저녁 먹으러 나갈래요?
Would you like to go out for dinner?

100 옷을 꼭 따뜻하게 입어.
Make sure to dress warm.

101 이메일 체크하는 것 잊지 마.
Don't forget to check the email.

102 너 담배를 좀 끊어야 할 것 같아.
I think you should quit smoking.

103 너 타이어를 새로 갈아야 할 것 같아.
I think you'd better get new tires.

104 내가 너더러 지하철 타라고 했잖아.
I told you to take the subway.

105 난 네가 거짓말 좀 그만하면 좋겠어.
I want you to stop lying.

106 모든 사람한테 너무 심술궂게 굴지 마.
Don't be so mean to everyone.

107 너 왜 그렇게 바빠?
Why are you so busy?

108 미안하지만 더 있을 수가 없어요.
I'm sorry I can't stay any longer.

109 바람피워서 미안해.
I'm sorry about cheating on you.

110 태워줘서 고마워요.
Thank you for the ride.

111 그렇게 해주면 정말 고맙고.
That would be nice of you.

112 지금 무슨 생각해?
What are you thinking now?

● **REAL TRAINING** 113~128

113　영어 작문 수업에서 낙제하지 않으려고 노력 중이야.
I'm trying to pass English writing.

114　얘기할 시간 좀 있어?
Do you have time to talk?

115　쇼핑몰이 어디에 있는지 아세요?
Do you know where the mall is?

116　당신의 유머 감각이 마음에 들어요.
I like your sense of humor.

117　난 너의 걷는 모습이 마음에 들어.
I like the way you walk.

118　너 짜증나 보여.
You look annoyed.

119　걔 마크랑 깨진 것 같던데.
It looks like she broke up with Mark.

120　내가 어떻게 보이든 상관없어.
I don't care how I look.

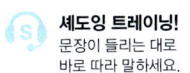 **셰도잉 트레이닝!** 문장이 들리는 대로 바로 따라 말하세요.

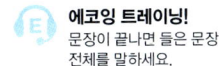 **에코잉 트레이닝!** 문장이 끝나면 들은 문장 전체를 말하세요.

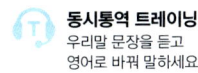 **동시통역 트레이닝!** 우리말 문장을 듣고 영어로 바꿔 말하세요.

121 정말 직장을 그만둘 거야?
Are you sure about quitting your job?

122 어떤 음악을 들어?
What kind of music do you listen to?

123 왜 그 일자리를 거절했어?
Why did you turn down the job?

124 내 핸드폰 어디 있지?
Where is my cellphone?

125 약혼반지를 찾고 있습니다.
I'm looking for an engagement ring.

126 난 지금까지 남자를 사귀어본 적이 없어.
I've never had a boyfriend.

127 그놈을 예전에 찼어야 했는데 말이지.
I should have dumped him a long time ago.

128 우리가 늦어도 돼?
Is it okay if we're late?

331

● REAL TRAINING 129~144

129 난 네가 걱정돼.
I'm worried about you.

130 당신을 놀라게 하려고 했던 건 아니야.
I didn't mean to scare you.

131 프로젝트 다 끝났어요?
Are you done with the project?

132 일찍 일어나는 게 쉽지 않아.
It's not easy to get up early.

133 난 어두워지면 운전하는 게 힘들어.
I have trouble driving after dark.

134 다이어트하는 것도 이젠 지겨워.
I'm tired of dieting.

135 난 수에게 관심 있어.
I'm interested in Sue.

136 얘기 좀 하러 왔어.
I'm here to talk.

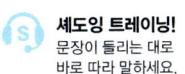 **셰도잉 트레이닝!**
문장이 들리는 대로
바로 따라 말하세요.

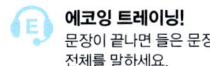 **에코잉 트레이닝!**
문장이 끝나면 들은 문장
전체를 말하세요.

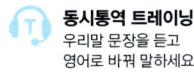 **동시통역 트레이닝!**
우리말 문장을 듣고
영어로 바꿔 말하세요.

137 네가 우는 소리를 들었어.
I heard you crying.

138 일자리 때문에 전화 드렸습니다.
I'm calling about the job.

139 만일 이게 효과가 없으면 어쩌지?
What if this doesn't work?

140 내가 너라면 난 그 남자와 결혼할 텐데.
If I were you, I would marry him.

141 잘 지내니?
How are you doing?

142 진짜 오랜만이다!
Long time, no see!

143 널 여기서 만나다니!
What a surprise to meet you here!

144 잘 지내.
Good.

● REAL TRAINING 145~160

145 요즘 정말 행복해.
     I'm so happy these days.

146 진짜 바빠.
     I'm very busy.

147 안녕! 난 제이슨이라고 해.
     Hi! I'm Jason.

148 이쪽은 내 친구 존이야.
     This is my friend John.

149 만나서 반가워!
     Nice to meet you!

150 우리 전에 만난 적 있죠?
     Haven't we met before?

151 안녕.
     Bye.

152 연락할게.
     I'll be in touch.

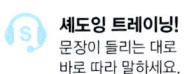 **셰도잉 트레이닝!** 문장이 들리는 대로 바로 따라 말하세요.

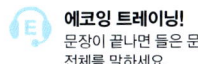 **에코잉 트레이닝!** 문장이 끝나면 들은 문장 전체를 말하세요.

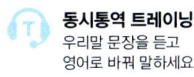 **동시통역 트레이닝!** 우리말 문장을 듣고 영어로 바꿔 말하세요.

153 시간 좀 있어?
Do you have time?

154 너도 알다시피….
As you know...

155 아무한테도 말하지 마.
Don't tell anybody.

156 나도 그렇게 생각해.
I think so, too.

157 말도 안 돼!
No kidding!

158 요점이 뭐야?
What's your point?

159 내가 이거는 분명히 말하지.
Let me make this clear.

160 이해돼?
Is that clear?

● REAL TRAINING 161~176

161 이해했어.
     I got it.

162 이해가 안 돼.
     I don't understand.

163 내 말은 그런 뜻이 아니었는데.
     I didn't mean it.

164 네 말이 맞아.
     You're right.

165 너 틀렸어!
     You're wrong!

166 너 완전히 헛다리 짚었어!
     You're so wrong!

167 미쳤군.
     You're crazy.

168 진정해!
     Relax!

169 나 화났어.
I'm angry.

170 기분이 우울해.
I'm feeling down.

171 최악이야.
It's terrible.

172 겁이 나.
I'm scared.

173 나 큰일 났어.
I'm in big trouble.

174 돈이 한 푼도 없어.
I have no money.

175 날 좀 내버려둬.
Please leave me alone.

176 남의 일에 참견하지 마.
Mind your own business.

● **REAL TRAINING** 177~192

177 전혀 상관없어.
I don't care at all.

178 힘내!
Cheer up!

179 해봐, 넌 할 수 있어!
Come on, you can do it!

180 날 믿어.
Trust me.

181 난 네 편이야.
I'm with you.

182 고마워.
Thank you.

183 정말 미안해.
I'm so sorry.

184 내 잘못이야.
It's my fault.

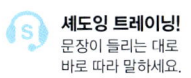 **셰도잉 트레이닝!**
문장이 들리는 대로
바로 따라 말하세요.

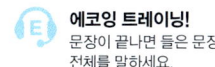 **에코잉 트레이닝!**
문장이 끝나면 들은 문장
전체를 말하세요.

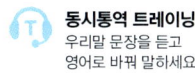 **동시통역 트레이닝!**
우리말 문장을 듣고
영어로 바꿔 말하세요.

185 그녀는 섹시해.
She's hot.

186 토요일 저녁때 시간 있어?
Are you free Saturday night?

187 난 남자친구가 있어.
I have a boyfriend.

188 너 정말 근사하다!
You look great!

189 난 널 사랑해.
I love you.

190 너희 같이 잤어?
Did you sleep together?

191 저녁 다 됐다!
Dinner's ready!

192 저녁 먹는 중에 TV는 안 돼.
No TV during dinner.

339

● **REAL TRAINING** 193~208

193 TV에서 뭘 해?
    What's on TV?

194 난 자러 갈 거야.
    I'm going to bed.

195 그만해!
    Stop that!

196 조심해!
    Be careful!

197 조용히 해!
    Be quiet!

198 그거 고장 났어.
    It broke.

199 컴퓨터가 다운됐어.
    It crashed.

200 이따가 시간 있어?
    Are you free later today?

| 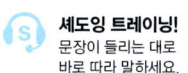 | 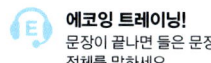 | 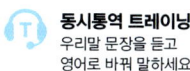 |

201 마음껏 드세요.
Help yourself.

202 어, 시간이 벌써 이렇게 됐네!
Oh, look at the time!

203 가자.
Let's go.

204 택시 불러줄까?
Can I call you a taxi?

205 배고파.
I'm hungry.

206 뭐라도 좀 먹을래?
Do you want something to eat?

207 네 명 자리 있어요?
We need a table for four.

208 아직 결정하지 못했어요.
I haven't decided yet.

● REAL TRAINING 209~224

209 커피 주세요.
Coffee, please.

210 맛있어요.
It's delicious.

211 맥주 한잔 할래?
How about a beer?

212 건배!
Cheers!

213 내가 낼게.
It's on me.

214 계산서 주세요.
Check, please.

215 너 피곤해 보여.
You look tired.

216 나 (몸이) 아파.
I'm sick.

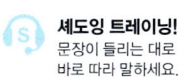 **셰도잉 트레이닝!** 문장이 들리는 대로 바로 따라 말하세요.

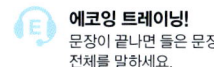 **에코잉 트레이닝!** 문장이 끝나면 들은 문장 전체를 말하세요.

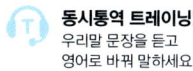 **동시통역 트레이닝!** 우리말 문장을 듣고 영어로 바꿔 말하세요.

217 두통이 있어.
I have a headache.

218 난 고양이 알레르기가 있어.
I'm allergic to cats.

219 토할 것 같아.
I feel like throwing up.

220 바로 여기가 아파요.
It hurts right here.

221 그녀는 임신했어.
She's pregnant.

222 비상이야!
It's urgent!

223 출발 시간이 언제죠?
What's the departure time?

224 체크인하고 싶어요.
I want to check in.

343

● **REAL TRAINING** 225~240

225 샤워기가 고장 났어요!
The shower is out of order!

226 가장 가까운 지하철역이 어디에 있나요?
Where's the nearest subway station?

227 공항으로 가주세요.
Airport, please.

228 차에 기름을 가득 채워주세요.
Fill her up.

229 청바지를 사려고요.
I need some jeans.

230 이거 착용해봐도 될까요?
Can I try this on?

231 너무 크네요.
It's too big.

232 그게 마음에 들어요.
I like it.

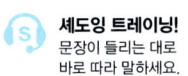 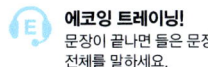 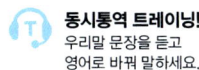

233　너무 비싸요.
　　　It's too expensive.

234　이거 포장해주시겠어요?
　　　Can you gift-wrap this?

235　누구시죠?
　　　Who's calling, please?

236　토미랑 통화할 수 있나요?
　　　Can I talk to Tommy?

237　잠시만요.
　　　Wait, please.

238　(그는) 지금 자리에 없어요.
　　　He's out right now.

239　메시지를 전해드릴까요?
　　　Can I take a message?

240　내가 다시 전화할게.
　　　I'll call you back.

● **REAL TRAINING** 241~256

241 그 규칙들을 따르는 것에 동의합니다.
I agree to follow the rules.

242 난 그녀에게 데이트 신청을 하려고 해.
I'm going to ask her out.

243 등 좀 긁어 줘.
Scratch my back.

244 파티에 올 거예요?
Will you be at the party?

245 쉬는 시간이 언제예요?
When is your break?

246 여긴 어떤 일로 오셨어요?
What brought you here?

247 내가 전화 못 받았니?
Did I miss a call?

248 내 생각은 안 해?
Don't you care about me?

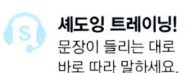 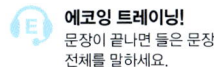 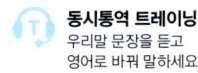

249 제 짐을 날라줄래요?
Would you carry my luggage?

250 감기에 안 걸렸으면 좋겠어.
I hope I don't catch a cold.

251 10달러짜리 지폐를 잔돈으로 바꿔줄 수 있어요?
Do you have change for a ten-dollar-bill?

252 내 새 차 좀 보라고!
Check out my new car!

253 내 옆에 바짝 붙어있어!
Stay close by me!

254 들어오세요!
Come on in!

255 나 손 베었어!
I cut my hand!

256 뭘 해야 할지 말해줘.
Tell me what to do.

● REAL TRAINING 257~272

257 전 충분히 먹었어요.
     I've had enough.

258 이 (지원) 서류를 작성해주세요.
     Please fill in this form.

259 내가 한 말 잊었어?
     Did you forget what I said?

260 몇 가지 물건 좀 사려고.
     I need to get a few things.

261 나 내일 그녀에게 선물을 줄 거야.
     I'll give her my gift tomorrow.

262 가서 걔를 잡아.
     Go get her.

263 정말 재미난 시간을 보냈어.
     I had a great time.

264 스파게티로 먹을게요.
     I'll have the spaghetti.

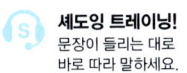 

265 옷 개는 것 도와줄게.
I'll help fold the laundry.

266 프로젝트는 보류 중입니다.
The project is on hold.

267 그는 정말 섹시하지.
He's so hot.

268 명심할게.
I'll keep that in mind.

269 공원이 어디에 있는지 알아?
Do you know where the park is?

270 날 좀 내버려둬!
Leave me alone!

271 네가 결정해.
I'll let you decide.

272 예를 들면 뭐?
Like what?

● REAL TRAINING 273~288

273 말을 도무지 안 듣는다니깨!
     They never listen!

274 그이 없이는 못 살아!
     I can't live without him!

275 넌 네 엄마를 쏙 빼닮았구나!
     You look just like your mom!

276 볼 수가 없었어. / 시간 맞춰 가지 못 했어.
     I couldn't make it.

277 거기서 2시에 만나자.
     I'll meet you there at 2.

278 제가 놓치거나 빼먹은 게 있나요?
     Is there anything I missed?

279 내일 이사 들어오려고.
     I'll move in tomorrow.

280 그녀가 아주 솔직하진 않더라.
     She wasn't very open.

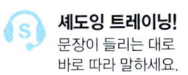 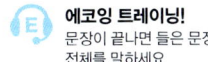 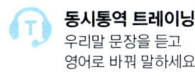

281 생물 시험 통과했어?
Did you pass biology class?

282 그 사람에게 돈 지급하지 마.
Don't pay him.

283 난 지금껏 땡땡이쳐본 적 없는데.
I've never played hooky.

284 가게에서 우유 좀 사와요.
Pick up some milk at the store.

285 완전 꽝이었지.
It was pretty bad.

286 너 차를 길가에 대야 할 것 같아.
You need to pull over.

287 걔 좀 바꿔봐!
Put him on the phone!

288 우리 함께 출마할까요?
Can we run together?

● REAL TRAINING 289~296

289   우린 사귀고 있어.
We're seeing each other.

290   그녀에게 장미꽃을 보내주려고.
I'll send her roses.

291   너한테 보여줄게!
I'll show you!

292   입 닥쳐!
Shut up!

293   너 후회할 거야!
You'll be sorry!

294   엄마에게 그런 식으로 말하지 마라.
Don't speak to her that way.

295   처음부터 다시 시작하자.
Let's start over.

296   제 사무실로 들어오세요.
Step inside my office.